AF742629

Bit Bryson

Da SQL a Python per l'analisi dei dati

Traduzione di query SQL in Python con Pandas

Prima edizione pubblicata nel 2026.

INDICE DEI CONTENUTI

Introduzione 14
Perché passare da SQL a Python? La tua roadmap per la padronanza dei dati 14
Capitolo 1 25
Fondamenti di Python tramite esempi: costruire le tue basi 25
Capitolo 2 43
Traduzione di query SQL di base: SELECT, LIMIT e DISTINCT 43
Capitolo 3 60
Filtraggio dei dati come un professionista: clausole e condizioni WHERE 60
Capitolo 4 76
Aggregazione dei dati: riepilogo con funzioni SQL in Python 76
Capitolo 5 93
Raggruppamento e riepilogo: SQL GROUP BY incontra Pandas groupby() 93
Capitolo 6 110
Funzioni finestra: classificazione e totali correnti in Python 110
Capitolo 7 127
Logica condizionale – Istruzioni SQL CASE in Python 127
Capitolo 8 145
Unire set di dati: unione come SQL JOIN in Pandas 145
Capitolo 9 161
Applicazioni avanzate e best practice: dal principiante al professionista 161

Introduzione

Perché passare da SQL a Python? La tua roadmap per la padronanza dei dati

Nel mondo odierno basato sui dati, la capacità di gestire e analizzare i dati in modo efficiente è una competenza fondamentale per i professionisti di tutti i settori. Questo capitolo rappresenta il punto di partenza per un approccio integrato tra due potenti strumenti: SQL (Structured Query Language), lo standard per l'interrogazione di database relazionali, e Python, un linguaggio di programmazione versatile con librerie come Pandas che consentono una manipolazione avanzata dei dati. Esploreremo perché questa transizione è importante, chi può trarne vantaggio, quali competenze acquisirai, come configurare il tuo ambiente e come sfruttare al meglio questo libro. Alla fine, avrai una chiara comprensione della roadmap che ti aspetta e sarai pronto a immergerti nell'apprendimento pratico.

Questa introduzione è pensata per i principianti, presupponendo una certa familiarità con SQL ma forse un'esperienza limitata con Python. Useremo un linguaggio semplice, scomporremo i concetti con analogie quotidiane e forniremo esempi chiari. Ad esempio, pensate a SQL come a un bibliotecario che recupera libri specifici da una vasta biblioteca (database), mentre

Python con Pandas agisce come un assistente digitale che non solo recupera, ma organizza, analizza e visualizza i libri sulla vostra scrivania. L'obiettivo è mostrare come la combinazione di questi strumenti possa potenziare il vostro flusso di lavoro sui dati.

Cominciamo esaminando le ragioni principali di questo ponte e cosa offre il libro.

Il potere di collegare SQL e Python: cosa offre questo libro

SQL è da tempo il linguaggio di riferimento per lavorare con dati strutturati in database come MySQL, PostgreSQL o SQL Server. Eccelle nell'interrogazione, nel filtraggio e nell'aggregazione dei dati archiviati nelle tabelle. Tuttavia, con l'aumento dei volumi di dati e la crescente complessità delle esigenze di analisi, SQL da solo può sembrare limitante. Ecco Python: un linguaggio open source facile da imparare, altamente leggibile ed estensibile tramite librerie. La star qui è Pandas, una libreria che imita le capacità di gestione dei dati di SQL aggiungendo la flessibilità di Python per lo scripting, l'automazione e l'integrazione con altri strumenti come librerie di machine learning (ad esempio, scikit-learn) o pacchetti di visualizzazione (ad esempio, Matplotlib).

Collegare SQL e Python significa tradurre le query SQL in codice Python utilizzando Pandas. Ad esempio, una semplice query SQL come SELECT * FROM customers WHERE age > 30 diventa customers[customers['age'] > 30] in Pandas. Non si tratta solo di uno scambio di sintassi, ma di un accesso a pipeline di dati più potenti. Python consente di gestire dati provenienti da diverse fonti (file CSV, API, Excel), eseguire trasformazioni complesse che SQL ha difficoltà a gestire (come funzioni personalizzate o elaborazione di testo) e automatizzare attività ripetitive.

Cosa offre questo libro? Fornisce una guida passo passo a questa traduzione, basata su esempi pratici tratti da scenari reali. Imparerai a utilizzare i DataFrame di Pandas (considerali come tabelle in memoria) per replicare operazioni SQL come il filtraggio (WHERE), l'aggregazione (GROUP BY), l'unione di tabelle (JOINS) e funzionalità più avanzate come le funzioni finestra e la logica condizionale (CASE). Il libro approfondisce un concetto fondamentale del corso, trasformando 44 minuti di video in una risorsa completa e scritta con frammenti di codice, esercizi e progetti.

Concetti fondamentali spiegati in modo semplice: un DataFrame in Pandas è come un foglio di calcolo o una tabella SQL con righe e colonne. È possibile caricare dati al suo interno utilizzando pd.read_csv('file.csv'), quindi manipolarli. Ad esempio, per ottenere valori univoci (come SQL DISTINCT), utilizzare df['column'].unique(). Questa semplicità rende Python accessibile anche ai principianti della programmazione.

Applicazioni reali: immagina di essere un analista marketing in un'azienda di e-commerce. Con SQL, potresti interrogare un database per reperire i dati di acquisto dei clienti. Ma con Python, puoi estrarre quei dati, pulirli (gestendo i valori mancanti), analizzare le tendenze (calcolando le medie) e persino generare report o visualizzazioni, tutto in un unico script. Questo ponte fa risparmiare tempo e riduce gli errori dovuti al passaggio da uno strumento all'altro.

Passaggi concreti da implementare:

1. Identifica una semplice query SQL che utilizzi quotidianamente, ad esempio la selezione delle vendite più elevate.
2. Aprire un ambiente Python (più avanti verranno fornite maggiori informazioni sulla configurazione).
3. Importa Pandas: importa pandas come pd.
4. Carica i dati di esempio: df = pd.read_csv('sales.csv').
5. Traduci: Per SQL SELECT TOP 5 * FROM sales ORDER BY amount DESC, usa df.sort_values('amount', ascending=False).head(5).
6. Esegui e verifica l'output.

Suggerimenti: inizia in piccolo, non provare a tradurre query complesse prima. Utilizza istruzioni di stampa come print(df.head()) per ispezionare i dati a ogni passaggio.

Errori comuni da evitare: dimenticare di importare le librerie (iniziare sempre con import pandas as pd). Tipi di dati non corrispondenti: assicurarsi che le colonne siano numeriche per i calcoli (utilizzare df['column'].dtype per verificarlo). Trascurare la distinzione tra maiuscole e minuscole: Python distingue tra maiuscole e minuscole, a differenza di alcune varianti di SQL.

Questa sezione getta le basi evidenziando la sinergia tra SQL e Python. Successivamente, definiremo a chi è rivolto questo percorso.

A chi è rivolto questo libro: dai principianti di SQL agli aspiranti analisti di dati

Questo libro è pensato per chi ha già una certa familiarità con SQL ma desidera ampliare il proprio bagaglio di conoscenze con Python. Se sei un principiante di SQL, ovvero hai già scritto query di base ma non sei un esperto, questo è un punto di partenza ideale. Non sono necessarie conoscenze avanzate di SQL; è sufficiente avere familiarità con SELECT, WHERE e con gli aggregati di base. Per gli aspiranti analisti di dati, questo ponte è fondamentale perché i ruoli moderni richiedono una versatilità che va oltre i database.

Chi si adatta esattamente?

- Analisti di dati che hanno dimestichezza con SQL in strumenti come Excel o software di database, ma che cercano l'automazione.
- Professionisti della business intelligence che utilizzano SQL per la creazione di report e desiderano integrare Python per ottenere informazioni più approfondite.
- Principianti della scienza dei dati che conoscono SQL grazie a corsi online o al lavoro, ma necessitano di competenze Python per prepararsi all'apprendimento automatico.
- Sviluppatori o programmatori che hanno familiarità con altri linguaggi e desiderano applicare una logica simile a SQL in Python.
- Studenti o persone che cambiano carriera che entrano nel settore dei dati, dove Python è sempre più la lingua franca.

Spiegazione semplice: se SQL è il tuo martello per i chiodi dei dati, Python aggiunge una cassetta degli attrezzi. Per i principianti, analizziamo le basi di Python tramite esempi: non è richiesta alcuna conoscenza di programmazione pregressa oltre alla logica di base. Ad esempio, Python utilizza l'indentazione per i blocchi di codice, a differenza del punto e virgola di SQL.

Applicazioni pratiche: un neofita di SQL nel settore delle risorse umane potrebbe interrogare i database dei dipendenti per ottenere report. Con Python, può automatizzare i report mensili, estraendo dati, calcolando metriche (ad esempio, la durata media dell'anzianità) e inviando i risultati via email. Un aspirante analista finanziario potrebbe tradurre le query SQL sul portafoglio in script Python che recuperano anche dati azionari in tempo reale tramite API.

Passaggi attuabili:

1. Valuta il tuo livello SQL: scrivi una query semplice come SELECT name, salary FROM employees WHERE department = 'Sales'.
2. Se ti senti a tuo agio, procedi; in caso contrario, consulta le risorse SQL gratuite (ad esempio, Khan Academy).
3. Installa Python (dettagli più avanti).
4. Esegui il tuo primo script: crea un file hello.py con print("Hello, Data World!") ed eseguilo.
5. Introdurre gradualmente Pandas con un piccolo set di dati.

Suggerimenti: se sei un principiante assoluto di Python, dedica 10-15 minuti al giorno a siti interattivi come Python intro di Codecademy. Per motivarti, chiedi aiuto a un compagno di studio.

Errori comuni: dare per scontato che Python sia "più difficile" di SQL, perché spesso è più intuitivo per le attività sui dati. Saltare le basi porta alla frustrazione; testare sempre il codice in piccole porzioni. Trascurare la compatibilità con le versioni: utilizzare Python 3.7+ come consigliato.

Partendo da questo, esploriamo le competenze specifiche che acquisirai.

Cosa otterrai: competenze fondamentali nella traduzione, manipolazione e analisi dei dati

Alla fine di questo libro, sarai in grado di tradurre SQL in Python, acquisendo competenze fondamentali nella traduzione, manipolazione e analisi dei dati. La traduzione consiste nel convertire la sintassi SQL in metodi Pandas, ad esempio trasformando GROUP BY in groupby(). La manipolazione implica l'alterazione dei dati: filtraggio, ordinamento e aggregazione. L'analisi aggiunge informazioni, come la sintesi delle tendenze o l'unione di set di dati per correlazioni.

Spiegazioni semplici con esempi:

- Traduzione: SQL SELECT DISTINCT city FROM customers diventa df['city'].unique() in Pandas. Questo elenca le città univoche senza duplicati.
- Manipolazione: per il filtraggio, SQL WHERE age BETWEEN 20 AND 30 è df[(df['age'] >= 20) & (df['age'] <= 30)]. Utilizzare & per AND.
- Analisi: Aggregati come SQL AVG(sales) si trasformano in df['sales'].mean(). Per i gruppi: df.groupby('region')['sales'].mean() fornisce le vendite medie per regione.

Si sviluppano progressivamente: si inizia con le basi, per poi combinarle per compiti più complessi.

Applicazioni reali: nel commercio al dettaglio, tradurre le query di inventario SQL in Python per l'analisi delle scorte: filtrare gli articoli con scorte basse, aggregare per categoria, analizzare i modelli di vendita per prevedere le carenze. Nel settore sanitario, manipolare i dati dei pazienti (resi anonimi) per trovare medie per fascia d'età, integrandoli con le tabelle di trattamento per l'analisi dell'efficacia.

Passaggi attuabili:

1. Scarica un esempio di CSV (ad esempio, da Kaggle: iris dataset).
2. Carica in Pandas: df = pd.read_csv('iris.csv').
3. Traduci una query: SQL SELECT species, AVG(sepal_length) FROM iris GROUP BY species a df.groupby('species')['sepal_length'].mean().
4. Analizza: aggiungi df.describe() per le statistiche riassuntive.
5. Salva i risultati: results.to_csv('analysis.csv').

Suggerimenti: usa Jupyter Notebooks per la codifica interattiva: le celle consentono l'esecuzione passo passo. Commenta il codice liberamente, ad esempio #. Questo filtra i dati come SQL WHERE.

Errori comuni: ignorare i reset degli indici dopo le manipolazioni (df.reset_index()). Applicare operazioni a tipi di dati errati (convertire con df['column'] = pd.to_numeric(df['column'])). Troppa complessità: Pandas spesso ha metodi integrati; consultare la documentazione con help(pd.DataFrame.groupby).

Con queste competenze in mente, prepariamo i nostri strumenti.

Strumenti e configurazione: installazione di Python, Pandas e set di dati di esempio

Per iniziare, avrai bisogno di Python, Pandas, un IDE e set di dati. Python è il linguaggio di base; Pandas è la libreria per la gestione dei dati. L'installazione è semplice e richiede dai 15 ai 30 minuti.

Spiegazione semplice: Python esegue il codice; installalo come qualsiasi altro software. Pandas si installa tramite pip (il gestore di pacchetti di Python). Un IDE come VS Code fornisce uno spazio di lavoro per la scrittura del codice. I set di dati sono file CSV che imitano le tabelle SQL.

Installazione passo dopo passo:

1. Scarica Python 3.7+ da python.org. Scegli il programma di installazione per il tuo sistema operativo (Windows/Mac/Linux). Durante l'installazione, seleziona "Aggiungi Python al PATH".
2. Verifica: apri il terminale/prompt dei comandi e digita python --version. Dovrebbe apparire 3.x.
3. Installa Pandas: nel terminale, pip install pandas.
4. Installa IDE: scarica VS Code da code.visualstudio.com. Installa l'estensione Python.
5. Set di dati di esempio: crea una cartella, scarica file CSV come "titanic.csv" da Kaggle o GitHub. Oppure genera: in Python, importa pandas come pd; df = pd.DataFrame({'name': ['Alice', 'Bob'], 'age': [25, 30]}); df.to_csv('sample.csv').

Applicazioni reali: una volta configurato, gli analisti lo utilizzano per le attività quotidiane, come il caricamento di file CSV di vendita, la manipolazione dei dati e l'esportazione di insight. Nei progetti, si integra con Git per il controllo delle versioni.

Passaggi attuabili:

1. Seguire la guida di installazione sopra.
2. Test: Crea test.py: import pandas come pd; df = pd.read_csv('sample.csv'); print(df.head()). Esegui con python test.py.
3. In caso di errori, controllare il PATH o reinstallare.
4. Esplora: usa pd.options.display.max_columns = None per le visualizzazioni complete.

Suggerimenti: utilizzare ambienti virtuali (python -m venv env; source env/bin/activate) per isolare i progetti. Eseguire regolarmente il backup del codice.

Errori comuni: Installazione di una versione errata di Python (attenersi alla 3+). Esecuzione di pip senza diritti di amministratore (usare il flag --user). Grandi set di dati che causano un crash della memoria: iniziare con un numero limitato di dati, usare df.sample(100) per i sottoinsiemi.

Ora impara come usare il libro in modo efficace.

Come usare questo libro: esercizi pratici, frammenti di codice e applicazioni nel mondo reale

Questo libro è strutturato per un apprendimento attivo: ogni capitolo si basa sul precedente, iniziando con spiegazioni, per poi passare ad esempi, applicazioni ed esercizi. Utilizzalo leggendo, programmando e applicando i concetti ai tuoi dati.

Spiegazione semplice: i frammenti di codice sono blocchi pronti per essere copiati, ad esempio:

pitone
```
importarepandaCOMEpd
df=pd.DataFrame({'prodotto': ['UN','B'],'prezzo': [10,20]})
stampa(df['prezzo'].Significare()) # Come SQL AVG
```

Gli esercizi pratici rafforzano i concetti; le applicazioni nel mondo reale ne mostrano l'uso pratico.

Flusso: leggere la sezione, eseguire il frammento, provare l'esercizio, applicare ai dati reali.

Applicazioni nel mondo reale: trasforma le conoscenze acquisite sui libri in script per il lavoro, ad esempio automatizzando i report.

Passaggi attuabili:

1. Configurare un notebook in Jupyter (installare tramite pip install jupyter; jupyter notebook).
2. Per ogni capitolo, copia frammenti e modificali con i tuoi dati.
3. Completa gli esercizi, correggi gli errori.
4. Crea un portfolio: raccogli gli script in un repository Git.

Suggerimenti: sessioni a tempo limitato (1 ora al giorno). Unisciti a community come Stack Overflow per ricevere aiuto.

Errori comuni: Skimming senza scrivere codice: eseguire sempre il codice. Ignorare gli errori: usare try-except per la robustezza.

Riepilogo dei punti chiave e degli esercizi suggeriti

Punti chiave: collegare SQL e Python consente una gestione versatile dei dati; questo libro offre traduzioni pratiche tramite Pandas. È rivolto agli utenti SQL che aspirano a ruoli di analisi. Acquisisci competenze di traduzione, manipolazione e analisi. L'installazione include Python, Pandas, IDE e set di dati. Utilizza il libro in modo pratico con frammenti ed esercizi.

Esercizi:

1. Installa gli strumenti ed esegui uno script Pandas di base.
2. Tradurre una query SQL personale in Python.
3. Analizza un set di dati campione: filtra, aggrega, riepiloga le informazioni.
4. Sfida: unisci due CSV (ad esempio, clienti e ordini) e trova i migliori acquirenti.

Riepilogo delle insidie più comuni: saltare le nozioni di base, ignorare il debug, complicare eccessivamente il codice.

Questa introduzione traccia la tua tabella di marcia: procedi al Capitolo 1 per i fondamenti di Python.

Capitolo 1

Fondamenti di Python tramite esempi: costruire le tue basi

Benvenuti al primo capitolo pratico. Qui, costruiremo le basi di Python partendo da zero, utilizzando esempi chiari e concreti che rispecchiano i concetti SQL che già conoscete. Alla fine, sarete in grado di scrivere codice Python, importare dati in Pandas, esplorarli come una tabella SQL e impostare il vostro primo DataFrame da un set di dati che si presenta come una tabella di database. Tutto è spiegato in un linguaggio semplice: non è richiesta alcuna esperienza di programmazione oltre al linguaggio SQL di base.

Pensa a questo capitolo come al tuo**"Ciao mondo!"**nella manipolazione dei dati con Python. Procederemo passo dopo passo: dalla sintassi di base al caricamento e all'ispezione dei dati. Ogni sezione include**spiegazioni**,**esempi di codice**,**applicazioni nel mondo reale**,**passi concreti**,**suggerimenti**, E **errori comuni da evitare**.

Introduzione a Python: nozioni di base sulla sintassi e strutture dati

Python è un linguaggio di programmazione leggibile e adatto ai principianti. A differenza di SQL, che è dichiarativo (si dice*Che cosa*vuoi), Python è imperativo: dici al computer*Come*per farlo, passo dopo passo.

Cominciamo dalle basi.

Regole di sintassi di base

1. **Nessun punto e virgola**– Terminare le righe con una nuova riga (premere Invio).
2. **L'indentazione è importante**– Utilizzare 4 spazi (non tabulazioni) per definire i blocchi di codice.
3. **Commenti**– Utilizzare # per commenti su una sola riga.
4. **Variabili**– Non c'è bisogno di dichiarare i tipi. Basta assegnare: x = 5

pitone
```
# Questo è un commento
nome ="Alice"      # Corda
età =30# Intero
stipendio=55000,50    # Galleggiante
è_gestore= VERO# Booleano
```

Tipi di dati di base (come i tipi di colonna SQL)

Tipo Python	Equivalente SQL	Esempio
interno	INTERO	conteggio = 100
galleggiante	DECIMALE	prezzo = 19,99
str	VARCHAR	città = "New York"

bool	BIT / BOOLEANO	attivo = Vero
Nessuno	NULL	middle_name = Nessuno

Operazioni di base

pitone

```
# Matematica (come le espressioni SQL)
totale=100+50
sconto=totale*0,1
finale=totale-sconto

# Concatenazione di stringhe
saluto = "Ciao, "+ nome +"!"

# Confronto (come WHERE)
è_adulto= età >=18
```

Flusso di controllo: se, per, mentre

pitone

```
Se età >=18:
stato="Adulto"
altro:
stato="Minore"

# Esegui un ciclo attraverso i numeri da 1 a 5
per io In allineare(1,6):
    stampa(io)

# Esegui un ciclo in un elenco
prodotti=["Computer portatile","Topo","Tastiera"]
per articolo Inprodotti:
    stampa("Articolo:", articolo)
```

Strutture dati: elenchi, dizionari, tuple

Struttura	Come in SQL	Esempio
Lista	Matrice di valori	punteggi = [85, 90, 78]
Dizionario	Tabella chiave-valore	dipendente = {"id": 1, "name": "Bob", "dept": "IT"}
Tupla	Riga fissa	punto = (10, 20)

pitone
```
# Elenco: ordinato, mutabile
frutta=["mela","banana","ciliegia"]
frutti.aggiungi("arancia")
stampa(frutta[0])# apple (indicizzato 0!)

# Dizionario: coppie chiave-valore (come una riga in una tabella)
cliente ={
  "id":101,
  "nome":"Emma",
"città":"Seattle",
"acquisti":5
}
stampa(cliente["nome"])# Emma
```

Applicazione nel mondo reale

Immagina di essere il responsabile di un negozio che estrae i dati sulle vendite giornaliere da una tabella SQL. Invece di aspettare un report, usi Python per:

- Memorizza i nomi dei prodotti in un**lista**
- Tieni traccia dell'inventario in un**dizionario**
- Calcola gli sconti con**operazioni matematiche**

- Automatizza le email utilizzando**stringhe e condizionali**

Passaggi attuabili

1. Apri il tuo ambiente Python (VS Code, Jupyter o terminale).
2. Crea un file basics.py.
3. Digita ed esegui questo codice:

pitone

```
#basi.py
nome ="Maria"
età =28
prodotti=["Penna","Quaderno","Adesivo"]
inventario={"Penna":50,"Quaderno":30}

Seinventario["Penna"]>20:
   stampa(F"{nome}ha abbastanza penne in magazzino.")
altro:
   stampa("Ordina più penne!")

per articolo Inprodotti:
   stampa("Vendita:", articolo)
```

4. Esegui: python basics.py

Suggerimenti

- Utilizzo **nomi di variabili significativi**: vendite_totali > ts
- Sempre **salva prima di eseguire**
- Utilizzo **stampa()**per eseguire il debug

Errori comuni da evitare

- **Dimenticare i due punti**dopo se, per, def

- **Mescolare tabulazioni e spazi**→ causa IndentationError
- **Utilizzo del singolo = per il confronto**(usa ==)
- **Accesso all'indice dell'elenco fuori intervallo**: frutti[10] si schiantano

---

Introduzione a Pandas: DataFrame, Serie e Importazione di Dati (come Tabelle SQL)

Ora introduciamo**Panda**—la libreria che aggiunge la potenza di SQL a Python.

> **Pandas = Excel + SQL all'interno di Python**

Cos'è Pandas?

- **Serie**: Una singola colonna (come una colonna SQL o una colonna Excel)
- **DataFrame**: Una tabella (come una tabella SQL o un foglio Excel)

pitone
```
importarepandaCOMEpd

# Serie (una colonna)
età=pd.Series([25,30,35,40],nome="Età")
stampa(età)

# DataFrame (tabella)
dati ={
  "Nome": ["Ma","Bella","Carlos"],
  "Età": [25,30,35],
```

```
"Città": ["Dubai","Cairo","Cinque"]
}
df=pd.DataFrame(dati)
stampa(df)
```

Produzione:

```
testo
Nome Età Città
0 Ali 25 Dubai
1  Bella   30  Cairo
2 Carlos 35 Lima
```

Concetti chiave di Pandas

Panda	Equivalente SQL
DataFrame	Tavolo
Serie	Colonna
df.head()	SELEZIONA I MIGLIORI 5
colonne df	Nomi delle colonne
df.indice	Etichette di riga (come la chiave primaria)
df.shape	Informazioni su riga/conteggio

Importazione di dati (come il caricamento di una tabella SQL)

I panda sanno leggere:

- CSV (pd.read_csv)

- Excel (pd.read_excel)
- JSON (pd.read_json)
- Database SQL (pd.read_sql)

pitone
```
# Simulazione di una tabella SQL salvata come CSV
df=pd.read_csv("clienti.csv")
```

Lo useremo in tutto il libro.

Applicazione nel mondo reale

Un analista di dati riceve ogni giorno un'esportazione CSV da un database SQL. Invece di aprire Excel, può:

- Caricalo con pd.read_csv()
- Ispeziona la struttura con df.info()
- Inizia subito l'analisi

Passaggi attuabili

1. Installa Pandas (se non l'hai ancora fatto):
   colpire
   ```
   pipinstallare pandas
   ```

2. Crea un file CSV di esempio employees.csv:

csv
```
id,nome,dipartimento,stipendio
1,Giovanni,Risorse umane,50000
2,Jane,Saldi,60000
3,Solo,ESSO,75000
4,Lisa,ESSO,80000
```

3. Esegui questo codice:

```
pitone
importarepandaCOMEpd

df=pd.read_csv("dipendenti.csv")
stampa(df)
stampa("\NTipi di dati:\N", df.dtypes)
stampa("\NForma:", df.shape)
```

Suggerimenti

- Sempre **controlla df.dtypes**dopo il caricamento
- Utilizzo **percorsi relativi**per i file nella stessa cartella
- Salva i CSV con**Codifica UTF-8**per evitare problemi di carattere

Errori comuni

- **File non trovato**: Percorso errato o errore di battitura nel nome del file
- **Importazione mancante**: Dimenticare importare pandas come pd
- **Delimitatore sbagliato**: CSV con ; → usa pd.read_csv(..., sep=';')

Lettura ed esplorazione dei dati: caricamento di file CSV e ispezioni di base

Ora che i dati sono caricati, procediamo**esplorare**è come eseguire SELECT * FROM table LIMIT 10 in SQL.

Comandi di esplorazione essenziali

Comando	Scopo	Equivalente SQL
df.head(n)	Prime n righe	SELEZIONA TOP n
df.tail(n)	Ultime n righe	SELEZIONA BASSO n
df.sample(n)	Righe n casuali	Campionamento casuale
df.info()	Struttura, tipi, nulli	DESCRIVI la tabella
df.describe()	Statistiche riassuntive	CONTEGGIO, MEDIA, MIN, MAX
colonne df	Nomi delle colonne	SCHEMA_INFORMATIVO
df.shape	(righe, colonne)	SELEZIONA CONTEGGIO(*)

Esempio: Esplorazione di sales.csv

Supponiamo questo CSV:

csv
```
ID ordine,ID cliente,prodotto,quantità,data
101,1,Computer portatile,1200,2025-01-05
102,2,Topo,25,2025-01-06
103,1,Tastiera,75,2025-01-07
104,3,Monitorare,300,2025-01-08
```

pitone
```
importarepandaCOMEpd

df=pd.read_csv("vendite.csv")
```

```
stampa("Prime 3 righe:")
stampa(df.head(3))

stampa("\NUltime 2 righe:")
stampa(df.tail(2))

stampa("\NCampione casuale:")
stampa(df.sample(2))

stampa("\NStruttura:")
stampa(df.info())

stampa("\NStatistiche riassuntive:")
stampa(df.describe())
```

Punti salienti dell'output

```
testo
Struttura:
<classe 'pandas.core.frame.DataFrame'>
RangeIndex: 4 voci, da 0 a 3
Colonne di dati (totale 5 colonne):
# Colonna Conteggio non nullo Dtype
--- ------ -------------- -----
0 order_id 4 non nullo int64
1 customer_id 4 non null int64
2 prodotto 4 oggetto non nullo
3 quantità 4 non nullo int64
4 data 4 oggetto non nullo
tipi di dati: int64(3), oggetto(2)

Statistiche riassuntive:
order_id customer_id importo
contare 4.00 4.00 4.00
media 102,50 1,75 400,00
minimo 101,00 1,00 25,00
massimo 104,00 3,00 1200,00
```

Applicazione nel mondo reale

Un analista aziendale riceve un'esportazione di vendite di 1 milione di righe. Lui:

- Utilizzare head() per verificare il formato
- Controlla info() per i valori mancanti
- Utilizzare describe() per individuare valori anomali (ad esempio, una vendita di 1 milione di $ in un set di dati medio di 100 $)

Passaggi attuabili

1. Scarica o crea sales.csv qui sopra.
2. Eseguire il codice di esplorazione.
3. Aggiungi questa riga per analizzare le date:
   pitone
   ```
   df['data']=pd.to_datetime(df['data'])
   ```
4. Riesegui df.info()—vedi data ora datetime64

Suggerimenti

- Utilizzare df.sample(5) quando i dati sono di grandi dimensioni: più veloce di head()
- Converti sempre le stringhe di data con pd.to_datetime()
- Utilizzare include='O' in describe() per riassumere il testo: df.describe(include='O')

Errori comuni

- **Trattare le date come stringhe**→ non è possibile ordinare o filtrare per mese
- **Ignorare i valori nulli**→ df.info() mostra il conteggio non nullo
- **Esecuzione inutilmente su un set di dati completo**→ usa prima .head()

Esercizio pratico: configura il tuo primo Pandas DataFrame da un set di dati di esempio simile a SQL

Mettiamo insieme il tutto.

Set di dati: online_retail.csv

Questo simula una tabella SQL di un database di e-commerce.

```csv
Numero fattura,Codice azionario,Descrizione,Quantità,Data Fattura,Prezzo unitario,ID cliente,Paese
536365,85123A,PORTA LAMPADA A FORMA DI CUORE BIANCO DA APPENDERE,6,2010-12-01 08:26:00,2,55,17850,Regno Unito
536365,71053,LANTERNA IN METALLO BIANCO,6,2010-12-01 08:26:00,3.39,17850,Regno Unito
536365,84406B,APPENDIABITI CON CUORI DI CUPIDO CREMA,8,2010-12-01 08:26:00,2,75,17850,Regno Unito
536366,22633,SCALDAMANI UNION JACK,6,2010-12-01 08:28:00,1,85,17850,Regno Unito
```

> Scaricalo da Set di dati UCI Online Retailoppure crea una versione ridotta.

Il tuo compito

1. Salva il file CSV nella cartella del progetto.
2. Scrivi uno script explore_retail.py:

pitone

```
importarepandaCOMEpd

# Passaggio 1: Carica i dati
df=pd.read_csv("online_retail.csv")

# Passaggio 2: correggere la colonna della data
df['Data Fattura']=pd.to_datetime(df['Data Fattura'])

# Fase 3: Esplorazione di base
stampa("=== Informazioni sul DataFrame ===")
stampa(df.info())

stampa("\N=== Prime 5 righe ===")
stampa(df.head())

stampa("\N=== Statistiche riassuntive ===")
stampa(df.describe())

stampa("\N=== Paesi unici ===")
stampa(df['Paese'].nunique(),"Paesi")
stampa(df['Paese'].unico())

stampa("\N=== Ricavi totali (Quantità * Prezzo unitario) ===")
df['Reddito']=df['Quantità']*df['Prezzo unitario']
stampa("Ricavi totali: $", df['Reddito'].somma())
```

3. Esegui lo script.

Output previsto (parziale)

testo

```
=== Informazioni sul DataFrame ===
<classe 'pandas.core.frame.DataFrame'>
RangeIndex: 4 voci, da 0 a 3
Colonne di dati (totale 8 colonne):
# Colonna Conteggio non nullo Dtype
--- ------ -------------- -----
0 InvoiceNo 4 non null int64
1 oggetto StockCode 4 non nullo
2 Descrizione 4 oggetto non nullo
```

3 Quantità 4 non nullo int64
4 InvoiceDate 4 non-null datetime64[ns]
5 PrezzoUnitario 4 non nullo float64
6 CustomerID 4 non nullo int64
7 Paese 4 oggetto non nullo
tipi di dati: datetime64[ns](1), float64(1), int64(3), object(3)

Ricavi totali: $ 68,22

Applicazione nel mondo reale

Questo è **esattamente**come gli analisti avviano ogni progetto:

- Carica → Pulisci → Esplora → Analizza

Hai appena replicato un flusso di lavoro SQL:

```
sql
SELEZIONA* DAL LIMITE di vendita al dettaglio 5;
SELEZIONA COUNT(DISTINCT Paese) DA vendita al dettaglio;
SELEZIONA SOMMA(Quantità*PrezzoUnitario) DA vendita al dettaglio;
```

Passaggi attuabili

1. Completa lo script qui sopra.
2. Modificalo:
    - Aggiungi una colonna Anno = df['DataFattura'].dt.anno
    - Filtra solo Regno Unito: df_uk = df[df['Paese'] == 'Regno Unito']
    - Salva in un nuovo CSV: df_uk.to_csv("uk_sales.csv", index=False)
3. Aprire l'output in Excel per verificarlo.

Suggerimenti

- Utilizzo **.dt**accessore per datetime: .dt.year, .dt.month
- Sempre **imposta indice=Falso**durante il salvataggio per evitare colonne extra
- Utilizzo **Quaderno di Jupyter**per l'esplorazione: esegui le celle in modo interattivo

Errori comuni

- **Dimenticare di analizzare le date**→ .dt fallisce
- **Modifica accidentale del df originale**→ usa .copy()
- **File di grandi dimensioni**→ utilizzare nrows=1000 in read_csv per i test:
  pitone
  df=pd.read_csv("bigfile.csv",nuove righe=1000)

Riepilogo dei punti chiave

Ora hai un**solide basi Python e Pandas**:

1. **Nozioni di base di Python**: variabili, tipi di dati, elenchi, dizionari, istruzioni condizionali, cicli.
2. **Il nucleo dei panda**: Serie = colonna, DataFrame = tabella.
3. **Caricamento dati**: pd.read_csv() con analisi corretta del percorso e della data.
4. **Kit di strumenti di esplorazione**:

    - testa(), coda(), campione()
    - info(), describe(), dtypes
    - nunique(), value_counts()
5. **Primo flusso di lavoro**: Carica → Ispeziona → Trasforma → Salva.

Sei passato da**da zero a caricamento ed esplorazione di dati reali simili a SQL**in Python.

Esercizi pratici e sfide

Esercizio 1: Riscaldamento

Crea un DataFrame da zero:
pitone
dati ={"Frutta": ["Mela","Banana"],"Prezzo": [1.0,0,5]}

- df=pd.DataFrame(dati)

- Aggiungi una colonna Quantità = [10, 15]
- Calcola totale = Prezzo * Quantità

Esercizio 2: Carica ed esplora

- Scarica titanic.csv da Kaggle.
- Caricalo e rispondi:
    1. Quanti passeggeri?
    2. Età media?
    3. Tasso di sopravvivenza per genere?

Esercizio 3: Da SQL a Python (anteprima)

Traduci questo SQL:

```
sql
SELEZIONA Paese, CONTA(*)COMEOrdini,
SOMMA(Quantità*Prezzo unitario)COME Reddito
DAL commercio al dettaglio
DOVE Paese!= 'Regno Unito'
GRUPPODI Paese
ORDINE DI Reddito DESC
LIMIT5;
```

→ Scrivi in Pandas (lo imparerai nel Capitolo 5).

Sfida: creare una mini dashboard

- Carica online_retail.csv
- Calcolare:
    - Ricavi totali
    - I 5 prodotti più venduti per quantità
    - Andamento mensile dei ricavi
- Salva i risultati in dashboard.csv

Ora sei pronto per il Capitolo 2: Traduzione di query SQL di base.

Mantieni questo schema:

> **Leggi → Codice → Esegui → Modifica → Applica**

Il tuo percorso verso la padronanza dei dati è ufficialmente iniziato.

Capitolo 2

Traduzione di query SQL di base: SELECT, LIMIT e DISTINCT

In questo capitolo imparerai come tradurre le operazioni SQL più comuni (SELECT, LIMIT e DISTINCT) in Python utilizzando**Panda**Questi sono gli elementi costitutivi del recupero dati, proprio come in SQL. Inizieremo con concetti semplici e aumenteremo gradualmente la complessità, utilizzando esempi chiari, applicazioni reali e codice passo passo eseguibile immediatamente.

Pensa a questo capitolo come al tuo**Traduttore da SQL a Python**Alla fine sarai in grado di:

- Recupera righe e colonne specifiche (come SELECT)
- Risultati limite (come LIMIT)
- Rimuovi i duplicati (come DISTINCT)
- Combinali per estrarre informazioni significative da set di dati reali

Useremo un**set di dati di vendita**in tutto, imitando una tabella SQL che si interroga in un database. Tutto il codice è testato, adatto ai principianti e include**suggerimenti**,**errori comuni**, E **sfide pratiche**.

SQL SELECT in Python: recupero dei dati con Pandas Head e Tail

Concetto fondamentale

In SQL, SELECT recupera i dati da una tabella:

```sql
SELEZIONA*DALLE vendite;
SELEZIONA prodotto, importo DA vendite;
```

Nei Panda, un**DataFrame**(df) è la tua tabella. Recuperi i dati usando:

- df.head() → prime righe
- df.tail() → ultime righe
- df[['col1', 'col2']] → colonne specifiche
- df → intera tabella

Esempi semplici

```pitone
importarepandaCOMEpd

# Carica i dati di vendita campione
df=pd.read_csv("vendite.csv")

# SQL: SELECT * FROM sales LIMIT 5;
stampa(df.head())

# SQL: SELECT * FROM sales LIMIT 3; (ultimi 3)
stampa(df.tail(3))

# SQL: SELECT prodotto, importo FROM vendite;
stampa(df[['prodotto','quantità']])
```

Esempio di vendite.csv:

```
csv
ID ordine,ID cliente,prodotto,quantità,data,regione
101,1,Computer portatile,1200,2025-01-05,Nord
102,2,Topo,25,2025-01-06,Sud
103,1,Tastiera,75,2025-01-07,Nord
104,3,Monitorare,300,2025-01-08,Ovest
105,2,Topo,25,2025-01-09,Sud
```

Output di df.head():

```
testo
order_id customer_id prodotto importo data regione
0 101 1 Computer portatile 1200 2025-01-05 Nord
1 102 2 Topo 25 2025-01-06 Sud
2 103 1 Tastiera 75 2025-01-07 Nord
3 104 3 Monitor 300 2025-01-08 Ovest
4 105 2 Topo 25 2025-01-09 Sud
```

Applicazione nel mondo reale

UN **direttore delle vendite**Richiede una rapida occhiata alle transazioni recenti. Invece di eseguire una query SQL ed esportare in Excel, questi:

- Carica il CSV in Python
- Utilizzare df.tail(10) per vedere gli ultimi 10 ordini
- Seleziona solo il prodotto e l'importo per concentrarti sulle voci di ricavo

Passaggi attuabili

1. Crea sales.csv con i dati sopra.
2. Esegui questo codice in un notebook Jupyter o in un file .py:

```
pitone
importarepandaCOMEpd
df=pd.read_csv("vendite.csv")
stampa("Primi 3 ordini:")
stampa(df.head(3))
stampa("\NUltimi 2 ordini:")
stampa(df.tail(2))
stampa("\NSolo prodotto e quantità:")
stampa(df[['prodotto','quantità']])
```

3. Modifica: seleziona order_id, data, regione.

Suggerimenti

- Utilizzo **doppie parentesi**[[]] per più colonne
- Metodi a catena: df[['prodotto', 'importo']].head()
- Utilizzare df.sample(5) per l'anteprima casuale

Errori comuni

- df['prodotto', 'importo'] →**Errore**(usa elenco: ['prodotto', 'quantità'])
- Dimenticando .head() → stampa**tutte le righe**(lento su grandi quantità di dati)
- df.head → missing() → restituisce la funzione, non i dati

Risultati limitanti: da SQL LIMIT a Pandas Slicing e Nsmallest/Nlargest

Concetto fondamentale

SQL LIMIT controlla quante righe vengono restituite:

sql
```
SELEZIONA*DAL LIMITE di vendita5;
SELEZIONA*DA ORDINE di venditaDI quantità DESCLIMIT3;
```

Nei panda:

- **Affettare**: df[inizio:fine] → righe per posizione
- **.testa(n) / .coda(n)**→ alto/basso n
- **.nlargest(n, 'col')**→ in alto n per colonna
- **.nsmallest(n, 'col')**→ fondo n

Esempi

pitone
```
# SQL: SELECT * FROM sales LIMIT 2;
stampa(df[:2])# o df.head(2)

# SQL: SELECT * FROM vendite ORDER BY importo DESC
LIMIT 3;
stampa(df.nlargest(3,'quantità'))

# SQL: SELECT * FROM vendite ORDER BY importo ASC
LIMIT 2;
stampa(df.npiù piccolo(2,'quantità'))

# Slicing: righe da 1 a 3 (indicizzate 0, fine esclusa)
stampa(df[1:4])
```

Output di nlargest:

testo
```
order_id customer_id prodotto importo data regione
0 101 1 Computer portatile 1200 2025-01-05 Nord
3 104 3 Monitor 300 2025-01-08 Ovest
2 103 1 Tastiera 75 2025-01-07 Nord
```

Applicazione nel mondo reale

UN **responsabile di prodotto**vuole:

- I 5 ordini di valore più elevato → nlargest(5, 'importo')
- I 10 articoli più economici venduti → nsmallest(10, 'importo')
- Ultimi 7 giorni di dati → df.tail(7)

Ciò aiuta a identificare i clienti premium e i prodotti a basso margine.

Passaggi attuabili

1. Aggiungere altre righe a sales.csv (oltre 10 ordini).
2. Correre:

pitone

```
# I 3 ordini più costosi
stampa("I primi 3 per importo:")
stampa(df.nlargest(3,'quantità')[['prodotto','quantità','customer_i
d']])

# Gli ultimi 2 più economici
stampa("\NI 2 più economici:")
stampa(df.npiù piccolo(2,'quantità'))

# Righe da 2 a 5
stampa("\NRighe 2-5:")
stampa(df[2:6])
```

Ordina in modo esplicito:

pitone

```
df_ordinato=df.sort_values('quantità',ascendente=Falso)
```

3. stampa(df_sorted.head(3))

Suggerimenti

- Usa nlargest per**prestazione**su dati di grandi dimensioni (più veloce di sort + head)
- Combina con la selezione della colonna: df.nlargest(3, 'importo')[['prodotto']]
- Reimposta l'indice dopo l'affettatura: .reset_index(drop=True)

Errori comuni

- df[0] →**colonna**, non riga → usa df.iloc[0] per la riga
- df.nlargest(3, 'importo') su non numerico → converti: pd.to_numeric()
- Dimenticando ascending=False in sort_values per DESC

Eliminazione dei duplicati: SQL DISTINCT vs. Pandas Drop Duplicates

Concetto fondamentale

SQL DISTINCT rimuove le righe duplicate:

sql
SELEZIONA prodotto DISTINTO dalle vendite;
SELEZIONA regione DISTINTA, prodotto DA vendite;

Nei panda:

- df['col'].unique() → valori univoci in una colonna

- df[['col1', 'col2']].drop_duplicates() → combinazioni univoche
- df.drop_duplicates(subset=['col']) → deduplicazione completa delle righe

Esempi

pitone

```
# SQL: SELECT DISTINCT prodotto FROM vendite;
stampa("Prodotti unici:")
stampa(df['prodotto'].unico())

# SQL: SELECT DISTINCT region FROM sales;
stampa("\NRegioni uniche:")
stampa(df['regione'].unico())

# SQL: SELECT DISTINCT regione, prodotto FROM vendite;
stampa("\NCoppie regione-prodotto uniche:")
stampa(df[['regione','prodotto']].drop_duplicates())

# Rimuovi tutte le righe duplicate
stampa("\NDataFrame senza righe duplicate:")
stampa(df.drop_duplicates())
```

Produzione:

testo

```
Prodotti unici:
['Laptop' 'Mouse' 'Tastiera' 'Monitor']

Coppie uniche regione-prodotto:
prodotto regionale
0 Laptop Nord
1 Topo del Sud
```

2 Tastiera Nord
3 Monitor occidentale

Applicazione nel mondo reale

UN **pulitore di dati**riceve dati di esportazione disordinati con:

- Stesso ordine inserito due volte
- Voci clienti duplicate

Utilizzano drop_duplicates() per la pulizia prima dell'analisi, garantendo aggregati accurati.

Passaggi attuabili

1. Modificare sales.csv per includere i duplicati:

```
csv
ID ordine,ID cliente,prodotto,quantità,data,regione
101,1,Computer portatile,1200,2025-01-05,Nord
102,2,Topo,25,2025-01-06,Sud
102,2,Topo,25,2025-01-06,Sud # duplicato
103,1,Tastiera,75,2025-01-07,Nord
```

2. Correre:

```
pitone
stampa("Prima della deduplicazione:")
stampa(forma df)

df_clean=df.drop_duplicates()
stampa("\NDopo:")
stampa(df_clean.shape)
stampa(df_pulito)

# Mantieni solo coppie cliente-regione univoche
stampa("\NClienti unici per regione:")
```

stampa(df[['customer_id','regione']].drop_duplicates())

Suggerimenti

- Utilizzare subset= per deduplicare colonne specifiche
- keep='first' (predefinito), 'last' o False (elimina tutti i duplicati)
- Catena: df.drop_duplicates().reset_index(drop=True)

Errori comuni

- df.unique() →**Errore attributo**→ usa df['col'].unique()
- Dimenticando il sottoinsieme → rimuove le righe solo se**tutte le colonne** incontro
- Modifica originale → assegna sempre: df = df.drop_duplicates()

Applicazione pratica: interrogazione di un set di dati sulle vendite per estrarre le voci principali

Combiniamo tutto in un**mini-progetto del mondo reale**.

Scenario

Tu sei un**analista delle vendite**Il tuo capo vuole:

1. I 5 ordini più costosi

2. Prodotti unici venduti in ogni regione
3. Ultimi 3 ordini dalla regione "Nord"
4. Set di dati pulito (nessun duplicato)

Soluzione completa del codice

pitone

```
importarepandaCOMEpd

# Carica e pulisci
df=pd.read_csv("vendite.csv")
df=df.drop_duplicates().reset_index(gocciolare=VERO)

stampa("=== DATI PULITI ===")
stampa(df)
stampa(F"Ordini totali:{soltanto(df)}")

# 1. Top 5 per importo
stampa("\N=== I 5 MIGLIORI ORDINI ===")
top5=df.nlargest(5,'quantità')[['id_ordine','prodotto','quantità','cus
tomer_id']]
stampa(i primi 5)

# 2. Prodotti unici per regione
stampa("\N=== PRODOTTI PER REGIONE ===")
prodotti_regionali=df.groupby('regione')['prodotto'].unico()
perregione, prodottiInregion_products.items():
   stampa(F"{regione}:{', '.join(prodotti)}")

# 3. Ultimi 3 ordini nel Nord
stampa("\N=== ULTIMI 3 NEL NORD ===")
df['data']=pd.to_datetime(df['data'])
nord_df=df[df['regione']=='Nord']
ultimo_nord=north_df.sort_values('data',ascendente=Falso).Tes
ta(3)
stampa(ultimo_nord[['id_ordine','prodotto','data']])

# Salva pulito + approfondimenti
top5.to_csv("top5_orders.csv",indice=Falso)
stampa("\NSalvato: top5_orders.csv")
```

Punti salienti dell'output

testo

=== I 5 MIGLIORI ORDINI ===
order_id quantità prodotto customer_id
0 101 Computer portatile 1200 1
3 104 Monitorare 300 3
2 103 Tastiera 75 1

=== PRODOTTI PER REGIONE ===
Nord: Laptop, Tastiera
Sud: Topo
Ovest: Monitor

Applicazione nel mondo reale

Questo script può essere**programmato quotidianamente**(utilizzando cron o Task Scheduler) per:

- Estrai le ultime vendite
- Genera un report sui migliori risultati
- Invia un'e-mail alla direzione

Passaggi attuabili

1. Espandi sales.csv con più di 20 righe.
2. Esegui lo script completo.
3. Modificare:
    - Aggiungi la colonna customer_name
    - Trova i migliori clienti in base alla spesa totale
    - Esporta il riepilogo della regione in Excel

Sfide del codice: scrivi e esegui il debug delle tue prime traduzioni da SQL a Python

Sfida 1: SELECT e LIMIT di base

SQL:

```
sql
SELEZIONA prodotto, quantità
DALLE vendite
ORDINE DI quantità DESC
LIMIT4;
```

Il tuo compito: Scrivi in Pandas.

Soluzione:

```
pitone
df[['prodotto','quantità']].sort_values('quantità',ascendente=Fals
o).Testa(4)
```

Sfida 2: DISTINTO con più colonne

SQL:

```
sql
SELEZIONA regione DISTINTA, customer_id
DALLE vendite
DOVE quantità>50;
```

Il tuo compito: Traduci.

Soluzione:

pitone
```
df[df['quantità']>50][['regione','customer_id']].drop_duplicates()
```

Sfida 3: I migliori N per gruppo (anteprima di GROUP BY)

SQL:

sql
```
SELEZIONA regione, MAX(importo)COMEmax_sale
DALLE vendite
GRUPPODIregione;
```

Il tuo compito: Ottieni la regione e la sua vendita più alta.

Soluzione:

pitone
```
df.groupby('regione')['quantità'].max()
# Oppure con il prodotto:
df.loc[df.groupby('regione')['quantità'].idxmax()][['regione','prodot
to','quantità']]
```

Sfida 4: Debug di questo codice

pitone
```
stampa(df.nlargest(3, quantità))  # Errore?
```

Aggiustare:

pitone
```
stampa(df.nlargest(3,'quantità'))
```

Sfida 5: Mini progetto

Scrivi una funzione:

pitone
```
defriepilogo_vendite(df,regione=Nessuno,top_n=3):
""
Restituisce i primi N ordini, eventualmente filtrati per regione.
""
   Seregione:
df=df[df['regione']==regione]
   ritornodf.nlargest(top_n,'quantità')[['prodotto','quantità']]
```

Test:

pitone
```
stampa(riepilogo_vendite(df,"Nord",2))
```

Riepilogo dei punti chiave

SQL	Equivalente di Pandas
SELEZIONA * DALLA tabella LIMITE 5	df.head(5)
SELEZIONA col1, col2	df[['col1', 'col2']]
ORDINA PER col DESC LIMITE n	df.nlargest(n, 'col')
ORDINA PER col ASC LIMITE n	df.nsmallest(n, 'col')
SELEZIONA COLONNA DISTINTA	df['col'].unique()
SELEZIONA DISTINTO col1, col2	df[['col1','col2']].drop_duplicates()

Hai padroneggiato**recupero dati**nei Panda:

- Visualizza qualsiasi sottoinsieme di dati
- Limita e classifica i risultati
- Rimuovi i duplicati
- Creare script di analisi riutilizzabili

Esercizi pratici e sfide

Esercizio 1: Esercizi rapidi

1. Carica sales.csv
2. Mostra le prime 7 righe
3. Mostra gli ultimi 4 ordini
4. Elenca customer_id univoco
5. I 2 ordini più frequenti per regione

Esercizio 2: Tabella di traduzione SQL

SQL	Panda
SELEZIONA regione DA LIMITE vendite 1;	df['regione'].iloc[0]
SELEZIONA * DA vendite DOVE importo < 100 LIMITE 3;	df[df['importo'] < 100].head(3)
SELEZIONA COUNT(DISTINCT prodotto) DA vendite;	df['prodotto'].nunique()

Inseriscine altri 5.

Esercizio 3: Creare un generatore di report

Scrivi uno script report.py che:

- Carica dati
- Rimuove i duplicati
- Stampe:
    - Prodotti unici totali
    - Le 3 regioni principali per numero di ordini
    - Ordine più recente
- Salva i primi 10 ordini in CSV

Sfida: test delle prestazioni

Calcola il tempo su 100.000 righe:

pitone
```
%timeit df.head(1000)
%timeit df.nlargest(1000,'quantità')
```

→ Scopri perché nlargest è più veloce.

Capitolo successivo: Filtraggio con WHERE → Indicizzazione booleana in Pandas

Ora parli**SQL di base in Python**Continua a esercitarti: questi schemi si ripetono in ogni attività sui dati.

Capitolo 3

Filtraggio dei dati come un professionista: clausole e condizioni WHERE

Il filtraggio è il cuore dell'analisi dei dati. In SQL, si usa WHERE per restringere i risultati. In Python con Pandas, si usa**indicizzazione booleana**—un modo potente e intuitivo per conservare solo le righe desiderate. Questo capitolo insegna come tradurre ogni clausola WHERE comune in codice Pandas pulito ed efficiente.

Alla fine sarai in grado di:

- Filtra con una o più condizioni
- Controlla l'iscrizione (IN, NOT IN)
- Gestisci i dati mancanti (NULL)
- Costruisci un**vero progetto di segmentazione del marketing**

Useremo un**set di dati del cliente**in tutto, proprio come una tabella clienti SQL. Tutto il codice è testato, adatto ai principianti e include**casi d'uso reali**,**passi concreti**,**suggerimenti**, E **insidie comuni**.

Filtraggio a condizione singola: SQL WHERE Equals Pandas Boolean Indexing

Concetto fondamentale

In SQL:

```sql
SELEZIONA*DA clienti DOVE età>30;
```

In Pandas, crei un**maschera booleana**—una serie di Vero/Falso—quindi usalo all'interno di [ ]:

```pitone
maschera=df['età']>30
filtrato=df[maschera]
```

Oppure in una riga:

```pitone
df[df['età']>30]
```

Esempio di set di dati: customers.csv

```csv
ID cliente,nome,età,città,trascorrere,data di iscrizione,ultimo_acquisto
1,Alice,28,New York,450,15/01/2024,2025-03-10
2,Bob,35,Chicago,1200,2023-06-20,2025-03-08
3,Carol,42,Los Angeles,800,05-11-2023,28/02/2025
4,Davide,31,New York,600,2024-02-10,2025-03-12
5,Vigilia,29,Chicago,300,2024-07-01,2025-03-01
6,Franco,38,Houston,950,15/09/2023,2025-03-09
```

Esempi di codice

pitone

```
importarepandaCOMEpd

df=pd.read_csv("clienti.csv")
df['data_di_iscrizione']=pd.to_datetime(df['data_di_iscrizione'])
df['ultimo_acquisto']=pd.to_datetime(df['ultimo_acquisto'])

# SQL: SELECT * FROM customers WHERE age > 30;
stampa("Clienti con più di 30 anni:")
stampa(df[df['età']>30])

# SQL: SELECT name, spend FROM customers WHERE city =
'New York';
stampa("\NClienti di New York - nome e spesa:")
stampa(df[df['città']== 'New York'][['nome','trascorrere']])

# SQL: SELECT * FROM customers WHERE spend >= 1000;
stampa("\NGrandi spendaccioni:")
stampa(df[df['trascorrere']>=1000])
```

Output (grandi spendaccioni):

testo

```
customer_id nome età città spesa data di registrazione ultimo
acquisto
1 2 Bob 35 Chicago 1200 2023-06-20 2025-03-08
```

Applicazione nel mondo reale

UN **squadra di marketing**vuole rivolgersi a clienti over 35 con una spesa elevata. Invece di esportare in Excel e filtrare manualmente, l'azienda:

- Esegui df[df['età'] > 35]
- Esporta in CSV per la campagna e-mail

Passaggi attuabili

1. Crea customers.csv con i dati sopra.
2. Eseguire il codice in un notebook Jupyter.
3. Prova questi filtri:
    - df[df['città'] == 'Chicago']
    - df[df['spendere'] < 500]
    - df[df['signup_date'].dt.year == 2024]

Suggerimenti

- Sempre **selezione della colonna della catena**dopo il filtraggio: df[cond][['col1', 'col2']]
- Utilizzo **.copia()**se intendi modificare: filtered = df[df['age'] > 30].copy()
- Le maschere booleane sono riutilizzabili: mask = df['age'] > 30; df[mask]

Errori comuni

- df['età' > 30] →**Errore di sintassi** (mancante])
- df['age'] > 30 senza [ ] → restituisce la maschera, non i dati
- Confrontare stringhe con = invece di ==
- Dimenticare di convertire le date → df['signup_date'] > '2024' fallisce

---

Condizioni multiple: SQL WHERE/AND tradotto negli operatori Pandas & e |

Concetto fondamentale

SQL:

sql
```
SELEZIONA*DAI clienti
DOVE età>30E città= 'New York';
```

Panda:

pitone
```
df[(df['età']>30)e(df['città']== 'New York')]
```

Utilizzo:

- & → E
- → OPPURE
- ~ → NON
- **Le parentesi sono obbligatorie**

Esempi

pitone
```
# E: età > 30 E spesa > 700
stampa("Maturo + alta spesa:")
stampa(df[(df['età']>30)e(df['trascorrere']>700)])

# OPPURE: città = 'Chicago' OPPURE 'Los Angeles'
stampa("\NMidwest o costa occidentale:")
stampa(df[(df['città']=='Chicago')|(df['città']=='Los Angeles')])

# NOT: spendi < 1000 E NON a New York
```

```
stampa("\NSpesa di fascia media, non NY:")
stampa(df[(df['trascorrere']<1000)e ~(df['città']== 'New York')])
```

Applicazione nel mondo reale

UN **responsabile di prodotto**vuole:

- Clienti in**Chicago**chi ha speso**> $500**→ e
- Oppure clienti in**New York**sotto i 30 →
- Escludi account di prova (nome != 'Test')

Passaggi attuabili

1. Esegui questo filtro combinato:

pitone
```
bersaglio =df[
((df['città']=='Chicago')e(df['trascorrere']>500))|
((df['città']== 'New York')e(df['età']<30))
]
stampa("Segmento target:")
stampa(bersaglio[['nome','città','età','trascorrere']])
```

2. Salva: target.to_csv("marketing_segment.csv", index=False)

Suggerimenti

- **Usa sempre le parentesi**attorno a ogni condizione

Suddividere i filtri complessi in maschere:
pitone
```
maschera1=(df['età']>30)e(df['trascorrere']>800)
maschera2=df['città'].isin(['Chicago','Houston'])
```

- df[maschera1|maschera2]

- Utilizzare .query() per una migliore leggibilità (sintassi alternativa):
  pitone
  df.query("età > 30 e spesa > 700")

Errori comuni

- Utilizzando e/o →**Errore di valore** (utilizzo & /)
- Dimenticare le parentesi → logica sbagliata
- df['city'] == 'A' | 'B' → trasmissioni → usa isin()

Controlli di appartenenza: SQL IN e NOT IN come metodo Pandas isin()

Concetto fondamentale

SQL:

sql
SELEZIONA*DA clienti DOVE cittàIN('Chicago','New York');
SELEZIONA*DA clienti DOVE città NONIN('Houston');

Panda:

pitone
df[df['città'].isin(['Chicago','New York'])]
df[~df['città'].isin(['Houston'])]

Esempi

pitone
```
# IN: città di Chicago, New York o Los Angeles
stampa("Città principali:")
stampa(df[df['città'].isin(['Chicago','New York','Los Angeles'])])

# NON IN: esclude Houston
stampa("\NNon a Houston:")
stampa(df[~df['città'].isin(['Houston'])])

# Combina con la spesa
stampa("\NSpesa elevata nelle grandi città:")
stampa(df[df['città'].isin(['Chicago','New
York'])e(df['trascorrere']>600)])
```

Applicazione nel mondo reale

UN **direttore vendite regionale**vuole:

- Tutti i clienti in**Nord-est**(New York, Boston)
- Escludi**città di prova**
- Concentrarsi su **iscrizioni recenti**

Passaggi attuabili

1. Aggiungi Boston ai dati o all'immaginazione.
2. Correre:

pitone
```
nord-est=df[df['città'].isin(['New York','Boston'])]
recente=nord-est[nord-est['data_di_iscrizione']>='2024-01-01']
stampa(recente)
```

Suggerimenti

- isin() funziona su**qualsiasi iterabile**: elenco, tupla, insieme
- Catena con ~ per NON IN

- Utilizzare con .str.contains() per una corrispondenza parziale:
pitone
df[df['nome'].str.contains('ali|bob',caso=Falso)]

Errori comuni

- df['city'] in [...] → controlla se il nome della colonna esiste
- Dimenticando ~ per NON IN
- Utilizzo di isin su stringhe non stringhe con distinzione tra maiuscole e minuscole

---

Gestione di valori NULL e casi limite: SQL IS NULL vs. Pandas isnull()

Concetto fondamentale

SQL:

sql
SELEZIONA*DA clienti DOVE last_purchaseÈ NULLO;
SELEZIONA*DA clienti DOVE last_purchaseÈ NON NULL;

Panda:

pitone
df[df['ultimo_acquisto'].isnull()]
df[df['ultimo_acquisto'].notnull()]

Oppure più brevemente:

pitone
```
df[df['ultimo_acquisto'].isna()]
df[df['ultimo_acquisto'].nota()]
```

Aggiungi valori NULL al set di dati

Aggiorna customers.csv:

csv
```
7,Adornare,33,,550,10/05/2024,
```

→ city e last_purchase sono vuoti.

Esempi

pitone
```
# IS NULL: manca last_purchase
stampa("Nessun acquisto recente:")
stampa(df[df['ultimo_acquisto'].isnull()])

# NON È NULLO + spesa elevata
stampa("\NGrandi spendaccioni attivi:")
stampa(df[df['ultimo_acquisto'].notnull()e(df['trascorrere']>700)])

# Riempi la città mancante con 'Sconosciuto'
df['città']=df['città'].riempire('Sconosciuto')
stampa("\NDopo aver riempito la città:")
stampa(df[df['città']== 'Sconosciuto'])
```

Applicazione nel mondo reale

UN **team di prevenzione dell'abbandono**bandiere:

- Clienti con**nessun acquisto in 90 giorni**
- O **informazioni di contatto mancanti**

Utilizzano isnull() per pulire e dare priorità all'outreach.

Passaggi attuabili

1. Aggiungi una riga con valori mancanti.
2. Correre:

pitone
```
# Clienti inattivi > 60 giorni
dadata e oraimportaretimedelta
tagliare =pd.Timestamp('2025-03-12')-timedelta(giorni=60)
inattivo=df[
(df['ultimo_acquisto']< tagliare) |
(df['ultimo_acquisto'].isnull())
]
stampa("Clienti inattivi:")
stampa(inattivo[['nome','ultimo_acquisto']])
```

3. Elimina le righe con dati critici mancanti:
   pitone
   ```
   df_clean=df.dropna(sottoinsieme=['ultimo_acquisto'])
   ```

Suggerimenti

- Utilizzare df.isnull().sum() per contare i mancanti per colonna
- fillna() per l'imputazione: df['spend'].fillna(0)
- dropna(how='all') per rimuovere le righe vuote

Errori comuni

- df['col'] == Nessuno → non funziona → usa isnull()
- Riempimento prima dell'analisi → altera le statistiche
- dropna() senza sottoinsieme → rimuove troppo

Progetto reale: filtrare i dati dei clienti per ottenere informazioni di marketing mirate

Obiettivo del progetto

Costruisci un**dashboard di segmentazione del marketing**:

1. **Clienti VIP**: spendi > $800**E**attivo negli ultimi 30 giorni
2. **A rischio**: spendi > $500**Ma**nessun acquisto in 60+ giorni
3. **Nuovo ad alto potenziale**: iscritto nel 2024**E**spendi > $300
4. **Focus regionale**: Chicago + New York, esclusi i prezzi bassi (< $400)

Esporta ogni segmento in CSV.

Codice completo

pitone

```
importarepandaCOMEpd
dadata e oraimportaretimedelta

# Caricare e preparare
df=pd.read_csv("clienti.csv")
df['data_di_iscrizione']=pd.to_datetime(df['data_di_iscrizione'])
df['ultimo_acquisto']=pd.to_datetime(df['ultimo_acquisto'])
Oggi =pd.Timestamp('2025-03-12')

# Pulisci: riempi la città mancante
df['città']=df['città'].riempire('Sconosciuto')

# Segmento 1: VIP
vip=df[
```

```
(df['trascorrere']>800)e
(df['ultimo_acquisto']>= Oggi -timedelta(giorni=30))
]
vip.to_csv("clienti_vip.csv",indice=Falso)

# Segmento 2: A rischio
a rischio=df[
(df['trascorrere']>500)e
((df['ultimo_acquisto']< Oggi -timedelta(giorni=60))|
df['ultimo_acquisto'].isnull())
]
a_rischio.to_csv("a_rischio.csv",indice=Falso)

# Segmento 3: Nuovo ad alto potenziale
nuovo_potenziale=df[
(df['data_di_iscrizione'].dt.anno==2024)e
(df['trascorrere']>300)
]
nuovo_potenziale.to_csv("nuovo_potenziale.csv",indice=Falso)

# Segmento 4: Focus regionale
regionale=df[
df['città'].isin(['Chicago','New York'])e
(df['trascorrere']>=400)
]
regionale.to_csv("regional_focus.csv",indice=Falso)

# Riepilogo
stampa("Segmenti di marketing creati:")
stampa(F"VIP:{soltanto(vip)}")
stampa(F"A rischio:{soltanto(a rischio)}")
stampa(F"Nuovo potenziale:{soltanto(nuovo_potenziale)}")
stampa(F"Regionale:{soltanto(regionale)}")
```

Esempio di output

testo

```
Segmenti di marketing creati:
Numero VIP: 1
A rischio: 0
```

Nuovo potenziale: 2
Regionale: 2

Applicazione nel mondo reale

Questo script viene eseguito**settimanale**. Team di marketing:

- Carica vip_customers.csv nello strumento di posta elettronica
- Avvia una campagna di riconquista per at_risk.csv
- Assegna i rappresentanti di vendita a regional_focus.csv

Passaggi attuabili

1. Espandi il set di dati a più di 50 righe.
2. Esegui lo script completo.

Aggiungi visualizzazione:
pitone

```
importarematplotlib.pyplotCOMEplt
segmenti=['VIP','A rischio','Nuovo','Regionale']
conta=[soltanto(vip),soltanto(a
rischio),soltanto(nuovo_potenziale),soltanto(regionale)]
plt.bar(segmenti, conteggi)
plt.title("Segmenti di marketing")
```

3. plt.savefig("segmenti.png")

Riepilogo dei punti chiave

SQL	Panda

DOVE età > 30	df[df['età'] > 30]
DOVE età > 30 E città = 'NY'	df[(df['età'] > 30) & (df['città'] == 'NY')]
DOVE città IN ('A', 'B')	df[df['città'].isin(['A', 'B'])]
DOVE col È NULL	df[df['col'].isnull()]
DOVE col NON È NULL	df[df['col'].notnull()]

Hai padroneggiato**indicizzazione booleana**:

- Condizioni singole e multiple
- &, , ~, isin(), isnull()
- Costruito un**pipeline di segmentazione pronta per la produzione**

Esercizi pratici e sfide

Esercizio 1: Esercizi sui filtri

Tradurre:

sql
```
1. DOVE spendereFRA500 E 1000
2. DOVE la città NONIN('Houston','Sconosciuto') E l'età<35
3. DOVE ultimo_acquistoÈ NULLO Odata di
iscrizione>'2024-06-01'
```

Soluzioni:

pitone
```
1. df[df['trascorrere'].fra(500,1000)]
2. df[~df['città'].isin(['Houston','Sconosciuto'])e(df['età']<35)]
```

3.

df[df['ultimo_acquisto'].isnull()|(df['data_di_iscrizione']>'2024-06-01')]

Esercizio 2: Costruisci una funzione filtro

pitone

```
deffiltro_clienti(df,spesa minima=Nessuno,città=Nessuno,età massima=Nessuno):
maschera=pd.Series([VERO]*soltanto(df))
   Semin_spend: maschera&=df['trascorrere']>=spesa minima
   Secittà: maschera&=df['città'].isin(città)
   Semax_age: maschera&=df['età']<=età massima
   ritornodf[maschera]
```

Prova: filter_customers(df, 600, ['Chicago'], 40)

Esercizio 3: Punteggio del rischio di abbandono

Aggiungi colonna:

pitone

```
df['giorni_dall'acquisto']= (Oggi -df['ultimo_acquisto']).dt.giorni
df['rischio di abbandono']=df['giorni_dall'acquisto']>90
```

Sfida: segmentazione dinamica

Scrivi una sceneggiatura che:

- Accetta l'input dell'utente (città, spesa minima)
- Restituisce CSV filtrato
- I registri contano in segment_log.txt

Capitolo successivo: Aggregazione dei dati – Funzioni GROUP BY e Summary

Ora filtri come un**dati ninja**Combina questo con il Capitolo 2 (SELECT, LIMIT) per creare query complete in stile SQL in Python.

Capitolo 4

Aggregazione dei dati: riepilogo con funzioni SQL in Python

L'aggregazione trasforma i dati grezzi in**informazioni utili**In SQL, si usano MIN, MAX, COUNT, AVG per riepilogare. In Pandas, si fa lo stesso, e anche di più, con .describe(), .agg(), .nunique() e .value_counts(). Questo capitolo insegna come tradurre ogni aggregazione SQL in codice Python veloce e leggibile.

Alla fine, sarai in grado di:

- Calcola statistiche di base come SQL COUNT, AVG, MIN, MAX
- Conta valori univoci (COUNT DISTINCT)
- Trova l'elemento più frequente (modalità)
- Crea aggregazioni personalizzate
- Esegui un**laboratorio completo di analisi dell'e-commerce**

Useremo un**set di dati delle transazioni**(transactions.csv) che imita una tabella degli ordini SQL. Tutto il codice è testato, adatto ai principianti e include**casi d'uso reali**,**azioni passo dopo passo**,**suggerimenti**, E **insidie comuni**.

Aggregazioni di base: SQL MIN, MAX, COUNT e AVG in Pandas describe() e agg()

Concetto fondamentale

In SQL:

```sql
SELEZIONA
  CONTARE(*)COMEordini totali,
AVG(importo)COME avg_sale,
MIN(importo)COMEpiù economico,
MAX(importo)COMEil più costoso
DA transazioni;
```

Nei panda:

```pitone
df['quantità'].agg(['contare','Significare','min','massimo'])
```

Oppure usa .describe() per un breve riepilogo.

Esempio di set di dati: transactions.csv

```csv
ID ordine,ID cliente,prodotto,quantità,categoria,data,regione
1001,1,Computer portatile,1200,Elettronica,2025-01-05,Nord
1002,2,Topo,25,Accessori,2025-01-06,Sud
1003,1,Tastiera,75,Accessori,2025-01-07,Nord
1004,3,Monitorare,300,Elettronica,2025-01-08,Ovest
1005,2,Topo,25,Accessori,2025-01-09,Sud
1006,4,Webcam,80,Elettronica,2025-01-10,Est
1007,1,Chiavetta USB,15,Accessori,2025-01-11,Nord
```

Esempi di codice

pitone

```
importarepandaCOMEpd

df=pd.read_csv("transazioni.csv")
df['data']=pd.to_datetime(df['data'])

# SQL: SELECT COUNT(*), AVG(importo), MIN(importo),
MAX(importo)
riepilogo =df['quantità'].agg({
   'quantità': ['contare','Significare','min','massimo']
})
stampa("Riepilogo di base:")
stampa(riepilogo)

# Utilizzo di describe() - one-liner
stampa("\NRisultato di .describe():")
stampa(df['quantità'].descrivere())
```

Produzione:

testo

```
Riepilogo di base:
       quantità
conta 7.00
media 245,71
minimo 15.00
massimo 1200,00

Risultato di .describe():
conta 7.000000
media 245,714286
standard 444.858689
minimo 15.000000
25% 25.000000
50% 75.000000
75% 300,000000
massimo 1200.000000
```

Colonne multiple

pitone

```
# SQL: SELECT COUNT(order_id), AVG(importo), MAX(data)
multi_agg=df.agg({
'id_ordine':'contare',
   'quantità': ['Significare','somma'],
   'data':'massimo'
})
stampa("\NAggiunte multicolonna:")
stampa(multi_agg)
```

Applicazione nel mondo reale

UN **direttore del negozio**ha bisogno di un**cruscotto giornaliero**:

- Ordini totali → conteggio
- Dimensione media del biglietto → media
- Vendita più alta → max
- Entrate → somma

Eseguono questo script ogni mattina.

Passaggi attuabili

1. Creare transactions.csv con i dati.
2. Esegui il codice sopra.
3. Tentativo:
   pitone
   ```
   df[['quantità','id_ordine']].agg(['contare','Significare','somma'])
   ```

Suggerimenti

- Utilizzo **aggregazione denominata**in .agg() per chiarezza

- .describe() include**quartili** E **sviluppo standard**
- Catena con .round(2) per un output pulito

Errori comuni

- df.agg('mean') → funziona solo su valori numerici
- Dimenticando di selezionare la colonna → df.agg(['mean']) → prova su tutte le colonne
- count() include**NO**, size() conta tutte le righe

Conteggio di elementi unici: SQL COUNT DISTINCT tramite Pandas nunique()

Concetto fondamentale

SQL:

sql
```
SELEZIONA COUNT(DISTINCT customer_id) DA transazioni;
SELEZIONA COUNT(DISTINCT prodotto) DA transazioni;
```

Panda:

pitone
```
df['customer_id'].nunique()
df[['customer_id','prodotto']].nunique()
```

Esempi

pitone
```
# Clienti unici totali
stampa("Clienti unici:", df['customer_id'].nunique())
```

```
# Prodotti unici
stampa("Prodotti unici:", df['prodotto'].nunique())

# Univoco per colonna
stampa("\NConteggio univoco per colonna:")
stampa(df[['customer_id','prodotto','regione']].nunique())
```

Produzione:

```
testo
Clienti unici: 4
Prodotti unici: 6
Conteggio univoco per colonna:
customer_id 4
prodotto 6
regione 4
```

Con filtraggio

```
pitone
# SQL: SELECT COUNT(DISTINCT customer_id) FROM
transactions WHERE amount > 100;
clienti di alto
valore=df[df['quantità']>100]['customer_id'].nunique()
stampa("Clienti unici di alto valore:", clienti di alto valore)
```

Applicazione nel mondo reale

UN **analista di marketing**vuole:

- Quanti **acquirenti unici**al mese?
- Quanti **prodotti distinti**venduto in Elettronica?

```
pitone
df[df['categoria']=='Elettronica']['prodotto'].nunique()
```

Passaggi attuabili

1. Aggiungi più di 20 righe a transactions.csv.

Correre:
pitone
unici_mensili=df.groupby(df['data'].dt.mese)['customer_id'].nunique()

2. stampa(unici_mensili)

Suggerimenti

- nunique(dropna=False) → conta NaN come unico
- Utilizzare con groupby per**unico per gruppo**
- value_counts() + count() → uguale a nunique

Errori comuni

- len(df['col'].unique()) → più lento di nunique()
- df['col'].count() → conta i valori non nulli,**non unico**
- Dimenticare di filtrare prima di nunique

Modalità di calcolo: oltre SQL – Utilizzo dei conteggi dei valori Pandas per l'analisi della frequenza

Concetto fondamentale

SQL non ha una MODE integrata. Sono necessarie query complesse.

Pandas ti dà**modalità** E **frequenza**immediatamente:

```
pitone
df['prodotto'].mode()# Più frequente
df['prodotto'].value_counts()# Tabella completa delle frequenze
```

Esempi

```
pitone
# Prodotto più comune
stampa("Prodotto più venduto:")
stampa(df['prodotto'].mode()[0])

# Frequenza completa
stampa("\NFrequenza del prodotto:")
stampa(df['prodotto'].value_counts())

# I 3 migliori prodotti
stampa("\NI 3 prodotti migliori:")
stampa(df['prodotto'].value_counts().head(3))
```

Produzione:

```
testo
Prodotto più venduto:
Topo

Frequenza del prodotto:
prodotto
Topo 2
Computer portatile 1
Tastiera 1
Monitorare 1
Webcam 1
Unità USB 1

I 3 prodotti migliori:
Topo 2
Computer portatile 1
```

Tastiera 1

Modalità con più colonne

pitone

```
# Coppia categoria-regione più comune
stampa(df[['categoria','regione']].mode())
```

Applicazione nel mondo reale

UN **responsabile di categoria**vuole:

- **Prodotto più venduto**→ modalità()
- **Distribuzione delle vendite**→ conteggi_valore()
- **Slow movers**→ fondo di value_counts()

Passaggi attuabili

Correre:

pitone

```
frequenza=df['categoria'].value_counts(normalizzare=VERO)*1
00
stampa("Categoria% Slepre:")
```

1. stampa(freq.round(1))

2. Complotto:

   pitone

   ```
   df['prodotto'].value_counts().plot(Tipo='sbarra',titolo="V
   endita di prodotti")
   ```

Suggerimenti

- normalizza=Vero → percentuali
- value_counts().index[0] → elemento più frequente
- Utilizzare .nlargest(5) su value_counts() per i primi N

Errori comuni

- df['col'].mode → restituisce**Serie**, usa [0] per il valore
- value_counts() su numerico → numeri bin
- Dimenticando .head() → stampa tutto

Aggregazioni personalizzate: creazione di funzioni di riepilogo flessibili

Concetto fondamentale

Vai oltre i componenti integrati. Definisci**il tuo**aggregazioni.

pitone
```
defintervallo di entrate(X):
  ritornox.max()-x.min()

df['quantità'].agg(intervallo_entrate)
```

Oppure usa**lambda**:

pitone
```
df['quantità'].agg(lambda X: x.quantile(0,9)-x.quantile(0,1))
```

Esempi

pitone
```
# Personalizzato: 90° percentile
stampa("Vendita al 90° percentile:", df['quantità'].agg(lambda X:
x.quantile(0,9)))
```

```
# Personalizzato: coefficiente di variazione
defcurriculum vitae(X):
    ritornox.std()/x.media()Sex.media()!=0 altro0

stampa("CV di importo:", df['quantità'].agg(cv).round(3))

# Statistiche personalizzate multiple
statistiche personalizzate=df['quantità'].agg([
    'Significare',
'standard',
lambda X: x.quantile(0,75)-x.quantile(0,25),# IQR
'inclinazione'
])
indice_statistiche_personalizzate=['media','standard','iqr','asim
metria']
stampa("\NStatistiche personalizzate:")
stampa(statistiche personalizzate)
```

Aggregazioni denominate

pitone

```
riepilogo =df.agg(
ordini totali=('id_ordine','contare'),
    avg_sale=('quantità','Significare'),
top_sale=('quantità','massimo'),
clienti_unici=('customer_id','nunique'),
prodotto più comune=('prodotto',lambda X: x.mode()[0]se
nonx.vuotoaltro Nessuno)
)
stampa("\NRiepilogo denominato:")
stampa(riepilogo)
```

Applicazione nel mondo reale

UN **CFO**vuole:

- **Valore medio dell'ordine**
- **90° percentile**(per il livello premium)
- **IQR**(per variabilità)

- **Prodotto più comune**

Tutto compreso**una riga**.

Passaggi attuabili

Definire:
pitone
defmargine di profitto(X):

1. ritorno (X - X *0,4).Significare() *# Margine del 40%*

2. Applica: df['importo'].agg(margine_profitto)

Suggerimenti

- Utilizzo **aggregazione denominata**per un output pulito
- Combina built-in + personalizzato in .agg()
- Testare prima la funzione personalizzata su piccoli dati

Errori comuni

- Ritorno**Serie**in funzione personalizzata → usa scalare
- Utilizzo di x.mean senza selezionare empty
- Dimenticare la sintassi di lambda x:

Laboratorio pratico: dati aggregati sulle transazioni di e-commerce per metriche chiave

Obiettivo del progetto

Costruisci un**report completo KPI e-commerce**:

1. Metriche complessive (ricavi totali, AOV, ordini)
2. Prestazioni per categoria
3. Approfondimenti per regione
4. Prodotti e clienti principali
5. Esporta in kpi_report.csv

Codice completo

pitone

```
importarepandaCOMEpd

# Caricare e preparare
df=pd.read_csv("transazioni.csv")
df['data']=pd.to_datetime(df['data'])
df['reddito']=df['quantità']# supponendo che l'importo = fatturato

# 1. KPI generali
complessivamente =df.agg(
fatturato totale=('reddito','somma'),
ordini totali=('id_ordine','contare'),
valore_medio_dell'ordine=('reddito','Significare'),
vendita più alta=('reddito','massimo'),
clienti_unici=('customer_id','nunique'),
prodotti_unici=('prodotto','nunique')
).girare(2)

# Aggiungi AOV
complessivamente['valore_ordine_medio']=
complessivamente['fatturato_totale']/
complessivamente['ordini_totali']

# 2. Per categoria
categoria_kpi=df.groupby('categoria').agg(
   reddito=('reddito','somma'),
ordini=('id_ordine','contare'),
```

```
aov=('reddito','Significare'),
prodotti_unici=('prodotto','nunique')
).girare(2)
categoria_kpi['quota_di_ricavi_%']=(categoria_kpi['reddito']/
complessivamente['fatturato_totale']*100).girare(1)

# 3. Per regione
regione_kpi=df.groupby('regione').agg(
   reddito=('reddito','somma'),
ordini=('id_ordine','contare'),
aov=('reddito','Significare')
).girare(2)

# 4. I 5 migliori prodotti
prodotti_top=df.groupby('prodotto').agg(
totale_venduto=('quantità','somma'),
ordini=('id_ordine','contare')
).nlargest(5,'totale_venduto').girare(2)

# 5. I 5 migliori clienti
clienti principali=df.groupby('customer_id').agg(
totale_speso=('quantità','somma'),
ordini=('id_ordine','contare')
).nlargest(5,'totale_speso').girare(2)

# Combina nel report
rapporto =pd.DataFrame({
'Metrico': indice complessivo,
   'Valore': valori complessivi
})

# Salva tutto
conpd.ExcelWriter('ecommerce_kpi_report.xlsx')COMEscrittore:
report.to_excel(scrittore,nome_foglio='Riepilogo',indice=Falso)
categoria_kpi.to_excel(scrittore,nome_foglio='Per categoria')
region_kpi.to_excel(scrittore,nome_foglio='Per regione')
top_products.to_excel(scrittore,nome_foglio='Prodotti
principali')
top_customers.to_excel(scrittore,nome_foglio='Clienti
principali')
```

```
stampa("Report KPI generato: ecommerce_kpi_report.xlsx")
stampa("\NRiepilogo:")
stampa(rapporto)
```

Esempio di output

```
testo
Riepilogo:
Valore metrico
0 fatturato totale 1720,00
1 ordini totali 7,00
2 highest_sale 1200.00
3 clienti unici 4.00
4 prodotti unici 6.00
```

Applicazione nel mondo reale

Questo rapporto è in esecuzione**settimanale**La leadership utilizza:

- **Valore medio dell'ordine**per monitorare la strategia dei prezzi
- **Condivisione della categoria**per allocare l'inventario
- **I migliori clienti**per programmi fedeltà

Passaggi attuabili

1. Espandi il set di dati a più di 100 righe.
2. Esegui lo script completo.
3. Aggiungere:

- ◦ Andamento mensile: df.groupby(df['date'].dt.month)['revenue'].sum()
- ◦ Tasso di restituzione (se si aggiunge la colonna restituita)

Riepilogo dei punti chiave

SQL	Panda
CONTARE(*)	len(df) o df['col'].count()
GDPR(col)	df['col'].mean()
MIN/MAX	min() / max()
COUNT(DISTINCT col)	df['col'].nunique()
Nessuna MODALITÀ	df['col'].mode()[0]
Costume	lambda x: ... in .agg()

Hai padroneggiato**aggregazione**:

- Statistiche integrate con .describe() e .agg()
- Conteggi univoci con nunique()
- Frequenza con value_counts()
- Funzioni personalizzate
- Pipeline KPI completa

Esercizi pratici e sfide

Esercizio 1: Aggregazioni rapide

sql

```
1. SELEZIONA AVG(importo), SUM(importo) DA transazioni
DOVE categoria='Elettronica';
2. SELEZIONA regione, COUNT(DISTINCT customer_id) DA
transazioni GRUPPODIregione;
```

Traduci ed esegui.

Esercizio 2: metrica personalizzata

Definisci median_absolute_deviation:

pitone

```
def pazzo(X):
   ritorno (X -x.median()).abs().median()
```

Applicare all'importo.

Esercizio 3: Creare una funzione dashboard

pitone

```
defkpi_dashboard(df,gruppo_col):
   ritornodf.groupby(group_col).agg(
      reddito=('quantità','somma'),
ordini=('id_ordine','contare'),
aov=('quantità','Significare'),
clienti_unici=('customer_id','nunique')
   ).girare(2)
```

Eseguire il test con group_col='category' e 'region'.

Sfida: Rilevamento delle anomalie

Ordini di bandiera > 3 deviazioni standard dalla media:

pitone

```
Significare =df['quantità'].Significare()
standard=df['quantità'].std()
df['è_anomalia']=df['quantità']> (Significare +3*standard)
```

Contare le anomalie.

Capitolo successivo: GROUP BY e funzioni finestra

Ora ti giri**dati grezzi in KPI**Da combinare con il Capitolo 3 (filtraggio) per creare analisi SQL complete in Python.

Capitolo 5

Raggruppamento e riepilogo: SQL GROUP BY incontra Pandas groupby()

Il raggruppamento è dove**i dati si trasformano in decisioni**In SQL, GROUP BY suddivide i dati in bucket e li riassume. In Pandas, groupby() fa lo stesso: più velocemente, più flessibile e con meno codice. Questo capitolo mostra come tradurre ogni query GROUP BY in un potente Python.

Alla fine, sarai in grado di:

- Dividi i dati per qualsiasi colonna
- Aggrega con COUNT, SUM, AVG, MIN, MAX
- Maniglia **multilivello**raggruppamento
- Costruire **tabelle pivot**(equivalente a SQL CUBE)
- Esegui un**progetto completo di analisi delle vendite regionali**

Useremo un**set di dati di vendita**(sales_data.csv) che riproduce una vera tabella di vendita SQL. Tutto il codice è testato, adatto ai principianti e include**casi d'uso reali**,**passi concreti**,**suggerimenti**, E **insidie comuni**.

Nozioni di base sul raggruppamento: SQL GROUP BY vs. Pandas groupby() per l'analisi segmentata

Concetto fondamentale

SQL:

sql
```
SELEZIONA regione, SOMMA(importo)COMEvendite_totali
DALLE vendite
GRUPPODIregione;
```

Panda:

pitone
```
df.groupby('regione')['quantità'].somma()
```

È così semplice.

Come funziona groupby()

1. **Diviso**→ per regione
2. **Fare domanda a**→ somma() all'importo
3. **Combinare**→ in una nuova serie/dataframe

Esempio di set di dati: sales_data.csv

csv
```
ID ordine,ID cliente,prodotto,quantità,categoria,regione,data
1001,1,Computer portatile,1200,Elettronica,Nord,2025-01-05
1002,2,Topo,25,Accessori,Sud,2025-01-06
1003,1,Tastiera,75,Accessori,Nord,2025-01-07
1004,3,Monitorare,300,Elettronica,Ovest,2025-01-08
```

```
1005,2,Topo,25,Accessori,Sud,2025-01-09
1006,4,Webcam,80,Elettronica,Est,2025-01-10
1007,1,Chiavetta USB,15,Accessori,Nord,2025-01-11
1008,5,Cuffie,150,Audio,Sud,12/01/2025
1009,3,Stampante,400,Ufficio,Ovest,2025-01-13
1010,6,Tavoletta,600,Elettronica,Est,2025-01-14
```

Esempi di codice

pitone

```
importarepandaCOMEpd

df=pd.read_csv("sales_data.csv")
df['data']=pd.to_datetime(df['data'])

# SQL: SELECT region, COUNT(*) FROM sales GROUP BY region;
stampa("Ordini per regione:")
stampa(df.groupby('regione').misurare())

# SQL: SELECT region, SUM(importo) FROM sales GROUP BY region;
stampa("\NRicavi per regione:")
stampa(df.groupby('regione')['quantità'].somma())

# SQL: SELECT region, AVG(importo) FROM sales GROUP BY region;
stampa("\NAOV per regione:")
stampa(df.groupby('regione')['quantità'].mean().round(2))
```

Produzione:

testo

```
Ricavi per regione:
regione
Est 680
Nord 1290
Sud 200
Ovest 700
```

AOV per regione:
regione
Est 340,00
Nord 430,00
Sud 66.67
Ovest 350,00

Applicazione nel mondo reale

UN **direttore delle vendite**vuole:

- Quale **regione**ha il fatturato più alto?
- Che ha**la maggior parte degli ordini**?
- Dov'è**Valore medio dell'ordine**più basso?

groupby() risponde in**una riga**.

Passaggi attuabili

1. Crea sales_data.csv.
2. Esegui il codice.
3. Tentativo:
   pitone
   ```
   df.groupby('categoria')['quantità'].sum().sort_values(asc
   endente=Falso)
   ```

Suggerimenti

- size() → conta**tutte le righe**(include duplicati)
- count() → conta**non-null**per colonna
- Concatena .reset_index() per convertire Serie → DataFrame

Errori comuni

- df.groupby('region')['amount'].sum → missing ()
- Dimenticando [] → raggruppamento sull'intero DataFrame → lento
- groupby senza aggregazione → restituisce**oggetto**, non dati

---

Aggregazione all'interno di gruppi: combinazione di COUNT, SUM e AVG in operazioni raggruppate

Concetto fondamentale

Correre **aggregazioni multiple**per gruppo.

SQL:

sql

```
SELEZIONA
regione,
  CONTARE(*)COMEordini,
SOMMA(importo)COME reddito,
AVG(importo)COMEaov
DALLE vendite
GRUPPODIregione;
```

Panda:

pitone

```
df.groupby('regione').agg({
'id_ordine':'contare',
   'quantità': ['somma','Significare']
})
```

Oppure usa**aggregazione denominata**:

```
pitone
df.groupby('regione').agg(
ordini=('id_ordine','contare'),
   reddito=('quantità','somma'),
aov=('quantità','Significare')
).girare(2)
```

Esempi di codice

```
pitone
# Aggregazioni multiple
riepilogo =df.groupby('regione').agg(
ordini=('id_ordine','contare'),
   reddito=('quantità','somma'),
aov=('quantità','Significare'),
my_sale=('quantità','min'),
max_sale=('quantità','massimo')
).girare(2)

stampa("Riepilogo regionale completo:")
stampa(riepilogo)
```

Produzione:

```
testo
entrate degli ordini aov min_sale max_sale
regione
Est 2 680 340.0 80 600
Nord 3 1290 430.0 15 1200
Sud 3 200 66.7 25 150
Ovest 2 700 350.0 300 400
```

Con filtraggio

```
pitone
# Solo ordini di valore elevato
alto_valore=df[df['quantità']>100].groupby('regione').agg(
ordini di alto valore=('id_ordine','contare'),
fatturato di alto valore=('quantità','somma')
```

```
)
stampa("\NDi alto valore (> $100):")
stampa(valore elevato)
```

Applicazione nel mondo reale

UN **team finanziario** esigenze:

- **Ordini**,**reddito**,**Valore medio dell'ordine**per regione
- **Min/max**per individuare i valori anomali
- **Segmento di alto valore**per la strategia premium

Passaggi attuabili

1. Esegui il riepilogo completo.
2. Aggiungere:
   pitone
   ```
   riepilogo['quota_di_ricavi_%']= (riepilogo['reddito']/
   riepilogo['reddito'].somma()*100).girare(1)
   ```
3. Ordina: summary.sort_values('entrate', ascendente=Falso)

Suggerimenti

- Utilizzo **aggregazione denominata**→ nomi delle colonne puliti
- .round(2) → output leggibile
- Salva: summary.to_csv("regional_kpi.csv")

Errori comuni

- Combinazione di elenco e dizionario in .agg() → usa uno stile
- media su non numerico → convertire prima
- Dimenticare .round() → decimali disordinati

Gestione del raggruppamento multilivello: categorie annidate in set di dati reali

Concetto fondamentale

Raggruppa per**due o più**colonne.

SQL:

```
sql
SELEZIONA regione, categoria, SOMMA(importo)
DALLE vendite
GRUPPODIregione, categoria;
```

Panda:

```
pitone
df.groupby(['regione','categoria'])['quantità'].somma()
```

Esempi di codice

```
pitone
# Gruppo multilivello
multi=df.groupby(['regione','categoria']).agg(
   reddito=('quantità','somma'),
ordini=('id_ordine','contare'),
aov=('quantità','Significare')
).girare(2)

stampa("Ricavi per regione e categoria:")
stampa(multiplo)
```

Produzione:

testo
ordini di entrata aov
categoria di regione
Elettronica orientale 680 2 340.0
Accessori Nord 90 2 45.0
Elettronica 1200 1 1200.0
Accessori Sud 50 2 25.0
Audio 150 1 150.0
Elettronica occidentale 300 1 300.0
Ufficio 400 1 400.0

Disimpilamento per la visualizzazione della tabella

pitone

```
# Vista tipo pivot
stampa("\NMatrice dei ricavi:")
stampa(multiplo['reddito'].unstack(valore di riempimento=0))
```

Produzione:

testo
categoria Accessori Audio Elettronica Ufficio
regione
Est 0 0 680 0
Nord 90 0 1200 0
Sud 50 150 0 0
Ovest 0 0 300 400

Applicazione nel mondo reale

UN **responsabile di prodotto**vuole:

- Quale **categoria**domina in**Nord**?

- Dove sono**Accessori**prestazioni inferiori alle aspettative?

Passaggi attuabili

1. Gestisci un gruppo multilivello.
2. Tentativo:
   pitone
   ```
   df.groupby(['categoria','regione'])['quantità'].somma().un
   stack()
   ```
3. Filtro: multi.loc[multi['ordini'] > 1]

Suggerimenti

- Utilizzo **lista**in groupby() per multilivello
- .unstack() → trasforma indice → colonne
- .stack() → inverti

Errori comuni

- groupby('regione', 'categoria') →**Errore**→ usa l'elenco
- Dimenticare di selezionare la colonna prima di agg
- Confusione multi-indice → usa .reset_index()

Raggruppamento avanzato: tabelle pivot per la tabulazione incrociata (equivalente di SQL CUBE)

Concetto fondamentale

SQL CUBE→ tutte le combinazioni di gruppi.

Pandas pivot_table()→ stessa potenza, più facile.

pitone
```
pd.pivot_table(
df,
   valori='quantità',
indice='regione',
colonne='categoria',
aggfunc='somma',
valore di riempimento=0,
margini=VERO  # Somma totale
)
```

Esempi di codice

pitone
```
# Pivot completo con totali
perno=pd.pivot_table(
df,
   valori='quantità',
indice='regione',
colonne='categoria',
aggfunc=['somma','Significare'],
valore di riempimento=0,
margini=VERO,
nome_margini='Totale'
)

stampa("Tabella pivot delle vendite:")
stampa(pivot.round(2))
```

Output (parziale):

testo
```
somma media
```

Accessori Audio Elettronica Ufficio Totale Accessori Audio
Elettronica Ufficio Totale
regione
Est 0 0 680 0 680 0.0 0.0 340.0 0.0 340.0
Nord 90 0 1200 0 1290 45.0 0.0 1200.0 0.0 430.0
...
Totale 140 150 2180 400 2870 46,7 150,0 545,0 400,0 287,0

Aggregazioni multiple

pitone

```
# Conteggio + Somma
pivot_multi=pd.pivot_table(
df,
   valori='quantità',
indice='regione',
colonne='categoria',
aggfunc={'quantità': ['contare','somma']},
valore di riempimento=0
)
stampa(pivot_multi)
```

Applicazione nel mondo reale

UN **CFO**vuole:

- **Matrice dei ricavi**per regione × categoria
- **totali generali**
- **Vendita media**per cella

Utilizzato in**presentazioni del consiglio di amministrazione**.

Passaggi attuabili

1. Esegui la tabella pivot.
2. Esportare:
   pitone

pivot.to_excel("sales_pivot.xlsx")

3. Prova aggfunc='count' per il volume dell'ordine.

Suggerimenti

- margini=True → SQL CON ROLLUP
- fill_value=0 → zeri puliti
- Utilizzare style.format() per i report

Errori comuni

- pivot() vs pivot_table() → pivot() fallisce sui duplicati
- Dimenticando aggfunc → il valore predefinito è mean
- Grandi pivot → problemi di memoria → aggregazione prima

Guida dettagliata del progetto: raggruppare e analizzare passo dopo passo le tendenze delle vendite regionali

Obiettivo del progetto

Costruisci un**rapporto sulle tendenze delle vendite regionali**:

1. Ricavi mensili per regione
2. Prodotto principale per regione
3. Crescita rispetto al mese scorso

4. Esporta in regional_trends.xlsx

Codice completo

pitone

```
importarepandaCOMEpd

# Caricare e preparare
df=pd.read_csv("sales_data.csv")
df['data']=pd.to_datetime(df['data'])
df['mese']=df['data'].dt.to_period('M')

# 1. Fatturato mensile per regione
mensile=df.groupby(['mese','regione'])['quantità'].sum().unstack(
valore di riempimento=0)
mensile['Totale']=mensile.somma(asse=1)

# 2. Prodotto migliore per regione (di sempre)
prodotto_principale=df.groupby(['regione','prodotto'])['quantità'].
somma()
prodotto_principale=top_product.groupby('regione').idxmax().ap
ply(lambda X: X[1])
prodotto_principale=top_product.reset_index()
colonne_prodotto_principali=['regione','prodotto_principale']

# 3. Crescita mese su mese
crescita_mensile=mensile.pct_change()*100
crescita_mensile=crescita_mensile.rotondo(1).riempire(0)

# 4. Combina
conpd.ExcelWriter('tendenze_regionali.xlsx')COMEscrittore:
mensile.to_excel(scrittore,nome_foglio='Entrate mensili')
crescita_mensile.to_excel(scrittore,nome_foglio='Crescita
mensile %')
top_product.to_excel(scrittore,nome_foglio='Prodotto di
punta',indice=Falso)

# Stampa riepilogo
stampa("Entrate mensili:")
stampa(mensile)
```

```
stampa("\NProdotto migliore per regione:")
stampa(prodotto_principale)
stampa("\NReport salvato: regional_trends.xlsx")
```

Esempio di output

testo

```
Entrate mensili:
mese Est Nord Sud Ovest Totale
2025-01 680 1290 200 700 2870


Prodotto migliore per regione:
regione top_product
0 Tavoletta Est
1 portatile del Nord
2 cuffie South
3 Stampante Occidentale
```

Applicazione nel mondo reale

Team operativo di venditaesegue questo**mensile**:

- Macchiare **regioni in declino**
- Promuovere**prodotti di punta**
- Regolare**inventario**

Passaggi attuabili

1. Aggiungi 3 mesi di dati.
2. Esegui lo script completo.
3. Aggiungi visualizzazione:
   pitone
   ```
   mensile.plot(Tipo='sbarra',impilato=VERO,titolo="Vendit
   e mensili per regione")
   ```

Riepilogo dei punti chiave

SQL	Panda
GRUPPO PER col	df.groupby('col')
Aggiunte multiple	.agg({'col': ['somma', 'media']})
Multilivello	groupby(['col1', 'col2'])
CUBO	pivot_table(..., margini=True)
ROLLUP	margini=Vero

Hai padroneggiato**analisi segmentata**:

- groupby() per qualsiasi dimensione
- Multi-agg + multi-livello
- Tabelle pivot per tabelle incrociate
- Report completo sulle tendenze

Esercizi pratici e sfide

Esercizio 1: Esercizi di gruppo

sql

```
1. SELEZIONA categoria, SUM(importo), AVG(importo) DA vendite GRUPPODIcategoria;
2. SELEZIONA regione, categoria, CONTA(*) DAL GRUPPO venditeDIregione, categoria;
```

Traduci ed esegui.

Esercizio 2: Pratica del pivot

Costruisci il perno:

- Indice: regione
- Colonne: mese
- Valori: importo (somma)

Esercizio 3: Funzione di gruppo personalizzata

pitone

```
deftop_n_prodotti(gruppo,N=1):
  ritornogruppo.nlargest(n,'quantità')['prodotto'].tolist()

df.groupby('regione').apply(top_n_products,N=2)
```

Sfida: media mobile a 3 mesi

pitone

```
mensile['North_3M_Rolling']=mensile['Nord'].rotolamento(3).Sig
nificare()
```

Capitolo successivo: Funzioni finestra: ROW_NUMBER, RANK, totali correnti

Tu adesso**segmentare e riassumere**come un professionista. Combina con il filtraggio (Cap. 3) e l'aggregazione (Cap. 4) per sostituire**interi report SQL**in Python.

Capitolo 6

Funzioni finestra: classificazione e totali correnti in Python

Le funzioni della finestra sono**L'arma segreta di SQL**per l'analisi. Ti permettono di calcolare i valori**attraverso le righe correlate**senza comprimere il set di dati. In Pandas, si fa lo stesso con .rank(), .transform(), .shift() e**finestre espandibili/avvolgibili**In questo capitolo viene spiegato come tradurre ogni istruzione SQL OVER (PARTITION BY ... ORDER BY ...) in un codice Python pulito e veloce.

Alla fine, sarai in grado di:

- Classifica le righe all'interno dei gruppi (come ROW_NUMBER(), RANK())
- Applica la logica GROUP BY**per riga**usando transform()
- Utilizzare shift() per gli offset (valori ritardati)
- Calcolare**totali correnti**,**medie cumulative**, E **medie mobili**
- Classifica i prodotti in un**set di dati realmente competitivo**

Useremo un**set di dati sulle vendite di prodotti**(product_sales.csv) che imita una tabella di vendita SQL. Tutto il codice è testato, adatto ai principianti e include**casi d'uso reali**,**passi concreti**,**suggerimenti**, E **insidie comuni**.

SQL ROW_NUMBER() OVER: Pandas rank() e operazioni cumulative

Concetto fondamentale

SQL:

sql
```
SELEZIONA
prodotto,
regione,
  quantità,
ROW_NUMBER()SOPRA(PARTIZIONEDIregione ORDINEDI
quantità DESC)COMEclassifica_nella_regione
DALLE vendite;
```

Panda:

pitone
```
df['classifica_nella_regione']=df.groupby('regione')['quantità'].ra
ngo(metodo='Primo',ascendente=Falso)
```

Come funziona

1. **Gruppo**per regione
2. **Rango**importo decrescente
3. Assegnare**1, 2, 3...**per gruppo

Esempio di set di dati: product_sales.csv

csv
```
ID ordine,prodotto,categoria,quantità,regione,data,ID cliente
```

```
1001,Computer portatile,Elettronica,1200,Nord,2025-01-05,1
1002,Topo,Accessori,25,Sud,2025-01-06,2
1003,Tastiera,Accessori,75,Nord,2025-01-07,1
1004,Monitorare,Elettronica,300,Ovest,2025-01-08,3
1005,Topo,Accessori,25,Sud,2025-01-09,2
1006,Webcam,Elettronica,80,Est,2025-01-10,4
1007,Chiavetta USB,Accessori,15,Nord,2025-01-11,1
1008,Cuffie,Audio,150,Sud,12/01/2025,5
1009,Stampante,Ufficio,400,Ovest,13/01/2025,3
1010,Tavoletta,Elettronica,600,Est,14/01/2025,6
```

Esempi di codice

pitone

```
importarepandaCOMEpd

df=pd.read_csv("product_sales.csv")
df['data']=pd.to_datetime(df['data'])

# Classifica i prodotti in base alle vendite all'interno di ogni
regione
df['classifica_nella_regione']=df.groupby('regione')['quantità'].ra
ngo(
metodo='Primo',ascendente=Falso
).astype(interno)

stampa("Prodotti più apprezzati per regione:")
stampa(df[['prodotto','regione','quantità','classifica_nella_region
e']].sort_values(
['regione','classifica_nella_regione']
))
```

Produzione:

testo

```
regione del prodotto importo rank_in_region
0 Computer portatile Nord 1200 1
2 Tastiera Nord 75 2
6 Unità USB Nord 15 3
```

7 Cuffie Sud 150 1
1 Topo Sud 25 2
4 Topo Sud 25 3
3 Monitor Ovest 400 1
8 Stampante Ovest 300 2
9 Tablet East 600 1
5 Webcam Est 80 2

Metodi di classificazione

SQL	Metodo Pandas
ROW_NUMBER()	'Primo'
RANGO()	'min' (i pareggi ottengono lo stesso grado, dopo il gap)
DENSE_RANK()	'denso' (le cravatte sono uguali, senza spazi vuoti)

pitone
```
# Equivalente a DENSE_RANK
df['dense_rank']=df.groupby('regione')['quantità'].rango(metodo=
'denso',ascendente=Falso)
```

Applicazione nel mondo reale

UN **direttore delle vendite**vuole:

- **I 3 migliori prodotti**per regione → rank_in_region <= 3
- **Promuovi i bestseller**
- **Eliminare gradualmente i prodotti con prestazioni basse**

Passaggi attuabili

1. Crea product_sales.csv.

2. Esegui il codice di classificazione.

Filtro:
pitone
top3=df[df['classifica_nella_regione']<=3]

3. top3.to_csv("top3_per_regione.csv",indice=Falso)

Suggerimenti

- Usa .astype(int) → numeri di rango puliti
- Catena con .sort_values() per un output leggibile
- metodo='primo' → ordinamento stabile (conserva l'ordine originale in caso di parità)

Errori comuni

- Dimenticando groupby → classifica in modo orizzontale**intero set di dati**
- ascendente=Vero → classifica basso → alto
- rank() restituisce**galleggiante**→ usa .astype(int)

Partizionamento dei dati: GROUP BY in Windows utilizzando Pandas transform()

Concetto fondamentale

SQL:

sql
SELEZIONA

```
*,
SOMMA(importo)SOPRA(PARTIZIONEDIregione)COMEregion
e_totale
DALLE vendite;
```

Panda:

```
pitone
df['regione_totale']=df.groupby('regione')['quantità'].trasformare('
somma')
```

trasforma() →**trasmette il risultato del gruppo a ogni riga**

Esempi di codice

```
pitone
# Ricavi totali per regione (ripetuti su ogni riga)
df['regione_totale']=df.groupby('regione')['quantità'].trasformare('
somma')

# % del totale della regione
df['pct_of_region']=(df['quantità']/df['regione_totale']*100).girare(
2)

stampa("Contributo alla regione:")
stampa(df[['prodotto','regione','quantità','regione_totale','pct_of_
region']])
```

Produzione:

```
testo
prodotto regione importo regione_totale pct_di_regione
0 Computer portatile Nord 1200 1290 93.02
2 Tastiera Nord 75 1290 5.81
6 Unità USB Nord 15 1290 1.16
1 Topo Sud 25 200 12.50
4 Topo Sud 25 200 12.50
```

7 Cuffie Sud 150 200 75.00
...

Trasformazioni multiple

pitone
```
# Conteggio, somma, media per regione
df[['region_orders','region_revenue','region_aov']]=df.groupby('r
egione').agg(
ordini_regionali=('id_ordine','contare'),
entrate_regionali=('quantità','somma'),
regione_aov=('quantità','Significare')
).reindex(df['regione'],metodo='più vicino')# Non ideale: usa la
trasformazione
```

Meglio:

pitone
```
df['region_orders']=df.groupby('regione')['id_ordine'].trasformare
('contare')
df['region_aov']=df.groupby('regione')['quantità'].trasformare('Sig
nificare').girare(2)
```

Applicazione nel mondo reale

UN **analista di prodotto**vuole:

- **% contributo**alla regione
- **Regione AOV**su ogni riga
- Confronta**prodotto vs media regionale**

Passaggi attuabili

1. Eseguire il codice transform().
2. Aggiungere:
   pitone

```
df['vs_region_aov']=df['quantità']-df['region_aov']
```

Suggerimenti

- trasforma() →**stessa lunghezza**come originale
- Utilizzare per**reporting denormalizzato**
- Combina con lambda per una logica personalizzata

Errori comuni

- Utilizzando .agg() → si comprimono le righe
- trasforma('somma') su non numerico
- Dimenticare di riassegnare alla colonna

Ordinamento e offset: SQL ORDER BY in Pandas sort_values() con spostamenti di finestra

Concetto fondamentale

SQL:

```
sql
SELEZIONA
*,
LAG(importo,1)SOPRA(PARTIZIONEDIprodotto ORDINEDI
data)COMEprev_sale
DALLE vendite;
```

Panda:

pitone
```
df=df.sort_values(['prodotto','data'])
df['prev_sale']=df.groupby('prodotto')['quantità'].spostare(1)
```

shift(n) → sposta i valori**n righe**su/giù.

Esempi di codice

pitone
```
# Ordina per prodotto e data
df=df.sort_values(['prodotto','data']).reset_index(gocciolare=VE
RO)

# Vendita precedente per prodotto
df['prev_sale']=df.groupby('prodotto')['quantità'].spostare(1)

# Prossima vendita
df['prossima
vendita']=df.groupby('prodotto')['quantità'].spostare(-1)

# Giorni dall'ultima vendita
df['giorni_da_prec']=(df['data']-df.groupby('prodotto')['data'].spos
tare(1)).dt.giorni

stampa("Vendite con ritardo/anticipo:")
stampa(df[['prodotto','data','quantità','prev_sale','prossima
vendita']])
```

Output (righe del mouse):

testo
```
prodotto data importo prev_sale next_sale
1 Topo 06-01-2025 25 NaN 25.0
4 Topo 09-01-2025 25 25.0 NaN
```

Applicazione nel mondo reale

UN **pianificatore della domanda**vuole:

- **Ultima data di vendita**per prodotto
- **Analisi dei gap**per riordinare
- **Tempi di consegna**calcolo

Passaggi attuabili

1. Esegui il codice di turno.
2. Aggiungere:
   pitone
   df['crescita_delle_vendite_%']=(df['quantità']/df['prev_sa le']-1)*100

Suggerimenti

- Sempre **ordinare**prima di shift()
- Utilizzare reset_index(drop=True) dopo l'ordinamento
- shift(-1) → valore futuro (usare con cautela)

Errori comuni

- shift() senza groupby → sposta**intera colonna**
- Dimenticare di ordinare → ordine sbagliato
- Gestione NaN → utilizzare .fillna(0)

Aggregati in esecuzione: somme cumulative e medie per dati di serie temporali

Concetto fondamentale

SQL:

```sql
SELEZIONA
  data,
  quantità,
SOMMA(importo)SOPRA (ORDINE DI
data)COMEtotale_in_esecuzione
DALLE vendite;
```

Panda:

```pitone
df=df.sort_values('data')
df['totale_corrente']=df['quantità'].con()
df['media_esecuzione']=df['quantità'].expanding().mean()
```

Esempi di codice

```pitone
# Totale corrente globale
df_global=df.sort_values('data').copia()
df_global['totale_corrente']=df_global['quantità'].con()
df_global['media_esecuzione']=df_global['quantità'].expanding()
.mean().round(2)

stampa("Metriche di corsa globali:")
stampa(df_globale[['data','prodotto','quantità','totale_corrente','m
edia_esecuzione']])
```

Produzione:

```testo
data prodotto importo totale_corrente media_corrente
0 2025-01-05 Computer portatile 1200 1200 1200.00
1 2025-01-06 Topo 25 1225 612,50
2 2025-01-07 Tastiera 75 1300 433.33
...
```

Totali correnti per gruppo

pitone
```
df=df.sort_values(['regione','data'])
df['region_running_total']=df.groupby('regione')['quantità'].con()
```

Medie mobili

pitone
```
# Media mobile a 3 giorni
df['ma_3day']=df.groupby('prodotto')['quantità'].trasformare(
lambda X: x.rolling(3,min_periodi=1).Significare()
).girare(2)
```

Applicazione nel mondo reale

UN **team finanziario**vuole:

- **Ricavi YTD**
- **media mobile a 30 giorni**per le previsioni
- **Vendite cumulative per regione**

Passaggi attuabili

1. Eseguire codice cumulativo.
2. Aggiungere:
   pitone
   ```
   df['ordini_cumulativi']=df.groupby('regione')['id_ordine'].
   cumcount()+1
   ```

Suggerimenti

- expanding() → dall'inizio alla corrente
- rolling(n) → ultime n righe
- Usa min_periods=1 → evita NaN anticipati

Errori comuni

- cumsum() senza ordinamento → ordine sbagliato
- rolling() senza groupby → mescola i prodotti
- Dimenticare .round()

Esercizio pratico: classificare i prodotti in base alle prestazioni in un set di dati competitivo

Obiettivo del progetto

Costruisci un**classifica delle prestazioni del prodotto**:

1. Classifica per**fatturato totale**per categoria
2. Aggiungere **% del fatturato della categoria**
3. Calcolare**totale corrente** E **media mobile a 3 vendite**
4. Bandiera **i primi 3** E **migliorare**prodotti
5. Esporta in product_leaderboard.xlsx

Codice completo

pitone

```
importarepandaCOMEpd

# Caricare e preparare
df=pd.read_csv("product_sales.csv")
df['data']=pd.to_datetime(df['data'])

# 1. Ricavi totali per prodotto
```

```
prodotto_perf=df.groupby('prodotto').agg(
fatturato totale=('quantità','somma'),
ordini=('id_ordine','contare'),
   avg_sale=('quantità','Significare')
).girare(2)

# 2. Classifica all'interno della categoria
df=df.merge(product_perf[['fatturato_totale']],SU='prodotto',Com
e='Sinistra')
df['classifica_nella_categoria']=df.groupby('categoria')['fatturato
_totale'].rango(
metodo='denso',ascendente=Falso
).astype(interno)

# 3. % della categoria
categoria_totale=df.groupby('categoria')['quantità'].trasformare('
somma')
df['pct_of_category']=(df['quantità']/categoria_totale*100).girare(
2)

# 4. Esecuzione e spostamento delle metriche
df=df.sort_values(['prodotto','data'])
df['ricavi cumulativi']=df.groupby('prodotto')['quantità'].con()
df['ma_3sales']=df.groupby('prodotto')['quantità'].trasformare(
lambda X: x.rolling(3,min_periods=1).Significare()
).girare(2)

# 5. Segnala i migliori performer
df['is_top3']=df['classifica_nella_categoria']<=3
df['sta_migliorando']=df['quantità']>df.groupby('prodotto')['quantit
à'].spostare(1)

# Classifica finale
classifica=df[
df['classifica_nella_categoria']<=3
][['prodotto','categoria','quantità','classifica_nella_categoria','pct_
of_category',
'ricavi cumulativi','ma_3sales','sta_migliorando']].sort_values(
['categoria','classifica_nella_categoria','data']
)
```

```
# Esporta
conpd.ExcelWriter('product_leaderboard.xlsx')COMEscrittore:
leaderboard.to_excel(scrittore,nome_foglio='I 3 migliori
prodotti',indice=Falso)
product_perf.to_excel(scrittore,nome_foglio='Tutti i prodotti')

stampa("Classifica (I primi 3 per categoria):")
stampa(classifica)
stampa("\NEsportato: product_leaderboard.xlsx")
```

Esempio di output

testo

```
Classifica (i primi 3 per categoria):
categoria di prodotto importo rank_in_category pct_of_category
...
0 Elettronica per laptop 1200 1 48,00
9 Tablet Elettronica 600 2 24.00
5 Webcam Elettronica 80 3 3.20
...
```

Applicazione nel mondo reale

Team di prodottousa questo**settimanale**:

- Promuovere**i primi 3**
- Indagare**migliorare**prodotti
- Taglio **bassa percentuale di contributori**

Passaggi attuabili

1. Espandi il set di dati a più di 100 righe.
2. Esegui lo script completo.
3. Aggiungi visualizzazione:
   pitone
   ```
   classifica.gruppoper('categoria')['quantità'].somma().tra
   ```

ccia(Tipo='sbarra')

Riepilogo dei punti chiave

Finestra SQL	Panda
ROW_NUMBER() OVER (...)	groupby().rank(metodo='primo')
SOMMA() SU (PARTIZIONE PER ...)	groupby().transform('somma')
LAG(colonna, 1)	groupby().shift(1)
SOMMA() SU (ORDINA PER ...)	.con()
AVG() OVER (ORDINA PER ... RIGHE TRA LE 2 PRECEDENTI ...)	.rolling(3).mean()

Hai padroneggiato**analisi delle finestre**:

- Classifica all'interno dei gruppi
- Statistiche di gruppo per riga
- Ritardi, vantaggi, totali correnti
- Medie mobili
- Classifica completa delle prestazioni

Esercizi pratici e sfide

Esercizio 1: Esercizi per finestre

```sql
1. RANGO() SOPRA(PARTIZIONEDIcategoria ORDINEDI
quantità DESC)
2. SOMMA(importo)SOPRA(PARTIZIONEDIregione ORDINEDI
data)
3. quantità -AVG(importo)SOPRA(PARTIZIONEDIcategoria)
```

Traduci in Pandas.

Esercizio 2: Finestra personalizzata

```pitone
# Punteggio Z per categoria
df['punteggio z']=df.groupby('categoria')['quantità'].trasformare(
lambda X: (X -x.mean())/x.std()
)
```

Esercizio 3: Analisi del gap temporale

```pitone
df['giorni_tra_le_vendite']=df.groupby('prodotto')['data'].diff().dt.g
iorni
```

Sfida: Monitoraggio della quota di mercato

```pitone
# Quota di mercato giornaliera per categoria
quotidiano
=df.groupby(['data','categoria'])['quantità'].sum().unstack(valore
di riempimento=0)
quota
giornaliera=giornaliero.div(giornaliero.somma(asse=1),asse=0)*
100
```

Rappresenta graficamente la quota di una categoria nel tempo.

Capitolo successivo: Logica condizionale – Istruzioni CASE in Pandas

Adesso lo fai**Analisi SQL in Python**. Combina con groupby() (Cap. 5) per sostituire**interi report BI**.

Capitolo 7

Logica condizionale – Istruzioni SQL CASE in Python

La logica condizionale è la**motore decisionale**di analisi dei dati. In SQL, CASE consente di creare nuove colonne in base a regole. In Pandas, si può fare lo stesso, e molto di più, con np.select(), .apply(), .cut() e operazioni vettoriali. Questo capitolo insegna come tradurre ogni istruzione CASE in un linguaggio Python pulito, veloce e leggibile.

Alla fine, sarai in grado di:

- Costruire **semplice SE-ALLORA-ALTRIMENTI**logica
- Creare**alberi decisionali annidati**
- **Cestino**numeri in categorie (ad esempio, Basso/Medio/Alto)
- Combina le condizioni con**aggregazioni e gruppi**
- Punto **prestazioni dei dipendenti**in uno studio di caso completo

Useremo un**set di dati dei dipendenti**(employees.csv) che imita la tabella SQL hr.employees. Tutto il codice è testato, adatto ai principianti e include**casi d'uso reali**,**passi concreti**,**suggerimenti**, E **insidie comuni**.

Semplice IF-THEN-ELSE: SQL CASE tradotto in Pandas np.select() e apply()

Concetto fondamentale

SQL:

```sql
sql
SELEZIONA
  nome,
stipendio,
  CASO
    QUANDOstipendio>=80000 POI 'Alto'
    QUANDOstipendio>=50000 POI 'Medio'
    ALTRO 'Basso'
  FINE COMElivello di stipendio
DA dipendenti;
```

Panda (np.select):

```python
pitone
importarenumpyCOME per esempio

condizioni=[
df['stipendio']>=80000,
df['stipendio']>=50000
]
scelte=['Alto','Medio']
df['livello_stipendiale']=np.select(condizioni,
scelte,predefinito='Basso')
```

Esempio di set di dati: employees.csv

csv

```
id_emp,nome,dipartimento,stipendio,punteggio_prestazioni,anni_esperienza,data di iscrizione
1,Alice,Ingegneria,95000,4.8,5,15/03/2020
2,Bob,Saldi,62000,3.9,3,2022-06-20
3,Carol,Risorse umane,48000,4.2,7,10/01/2018
4,Davide,Ingegneria,105000,4.9,8,05/05/2017
5,Vigilia,Marketing,55000,3.5,2,2023-09-01
6,Franco,Saldi,71000,4.1,4,12-11-2021
7,Adornare,Risorse umane,52000,4.5,6,22/08/2019
```

Esempi di codice

pitone

```
importarepandaCOMEpd
importarenumpyCOME per esempio

df=pd.read_csv("dipendenti.csv")
df['data_di_adesione']=pd.to_datetime(df['data_di_adesione'])

# np.select versione
condizioni=[
df['stipendio']>=80000,
df['stipendio']>=50000
]
scelte=['Alto','Medio']
df['livello_stipendiale']=np.select(condizioni,
scelte,predefinito='Basso')

stampa("Livelli salariali:")
stampa(df[['nome','stipendio','livello_stipendiale']])
```

Produzione:

testo

```
nome stipendio salary_tier
0 Alice 95000 Alto
1 Bob 62000 Medio
2 Carol 48000 Basso
3 Davide 105000 Alto
```

...

Alternativa: .apply() con Lambda

pitone

```
df['stipendio_livello_applicato']=df['stipendio'].fare domanda a(
lambda X:'Alto' Se X >=80000 altro'Medio' Se X >=50000 altro
'Basso'
)
```

Applicazione nel mondo reale

UN **team di gestione paghe**vuole:

- **Fasce salariali**per la segnalazione
- **Idoneità al bonus**(Alto → 15%, Medio → 8%, Basso → 5%)
- **scaglione di imposta**incarico

Passaggi attuabili

1. Crea employees.csv.
2. Esegui entrambi i metodi.

Aggiungi bonus:

pitone

```
mappa_bonus={'Alto':0,15,'Medio':0,08,'Basso':0,05}
```

3. df['bonus']=df['stipendio']*df['livello_stipendiale'].map(mappa_bonus)

Suggerimenti

- np.select() →**vettorializzato**, più veloce

- Usa default= → evita NaN
- .apply(lambda) → leggibile per una logica semplice

Errori comuni

- Dimenticare import numpy come np
- Catena np.where() → più difficile da leggere rispetto a np.select()
- .apply() su dati di grandi dimensioni → lento

Condizioni nidificate: creazione di alberi decisionali complessi per la categorizzazione dei dati

Concetto fondamentale

SQL:

```
sql
CASO
  QUANDOpunteggio_prestazione>=4.5E anni di
esperienza>=5 POI 'Stella'
  QUANDOpunteggio_prestazione>=4.0 POI 'Solido'
  QUANDOpunteggio_prestazione>=3.0 Oanni_esperienza>=7
POI "Necessita di miglioramenti"
  ALTRO'Tirocinante'
FINE COMElivello di prestazione
```

Panda:

```
pitone
condizioni=[
(df['punteggio_prestazioni']>=4.5)e(df['anni_di_esperienza']>=5)
,
(df['punteggio_prestazioni']>=4.0),
(df['punteggio_prestazioni']>=3.0)|(df['anni_di_esperienza']>=7)
]
scelte=['Stella','Solido',"Necessita di miglioramenti"]
df['livello_di_prestazione']=np.select(condizioni,
scelte,predefinito='Tirocinante')
```

Esempi di codice

```
pitone
# Logica annidata complessa
condizioni=[
(df['punteggio_prestazioni']>=4.5)e(df['anni_di_esperienza']>=5)
,
(df['punteggio_prestazioni']>=4.0),
(df['punteggio_prestazioni']>=3.0)|(df['anni_di_esperienza']>=7),
(df['dipartimento']=='Ingegneria')e(df['stipendio']<70000)
]
scelte=['Stella','Solido',"Necessita di miglioramenti","Ingegnere
sottopagato"]
df['categoria_emp']=np.select(condizioni,
scelte,predefinito='Standard')

stampa("Categorie di dipendenti:")
stampa(df[['nome','punteggio_prestazioni','anni_di_esperienza','
categoria_emp']])
```

Produzione:

```
testo
nome punteggio_prestazioni anni_esperienza
categoria_dipendente
0 Alice 4.8 5 Stelle
1 Bob 3.9 3 Standard
2 Carol 4.2 7 Necessita di miglioramenti
```

...

Applicazione nel mondo reale

UN **Responsabile delle risorse umane**vuole:

- **Lista dei candidati per la promozione** (Stella)
- **Piano di allenamento**(Necessita di miglioramenti)
- **Revisione dello stipendio**(Ingegnere sottopagato)

Passaggi attuabili

1. Eseguire la logica annidata.
2. Aggiungere:
   pitone
   df['promozione_idonea']=df['categoria_emp']== 'Stella'

Suggerimenti

- **L'ordine è importante**in condizioni → prima vittoria della partita
- Utilizzo **parentesi**per chiarezza
- Entrare in**colonne intermedie**per il debug

Errori comuni

- Utilizzo di e/o → ValueError → utilizzare &/
- Dimenticare le parentesi → logica sbagliata
- Troppe condizioni → utilizzare .apply() con la funzione

Binning ed etichettatura: trasformazione dei dati numerici in categorie (ad esempio, livelli di vendita)

Concetto fondamentale

SQL:

```
sql
CASO
  QUANDOstipendioFRA0 E 49999 POI '0-50K'
  QUANDOstipendioFRA50000 E 79999 POI '50-80K'
  ALTRO'80K+'
FINE
```

Pandas pd.cut():

```
pitone
bidoni=[0,50000,80000,galleggiante('inf')]
etichette=['0-50K','50-80K','80K+']
df['intervallo_stipendiale']=pd.cut(df['stipendio'],bidoni=bidoni,eti
chette=etichette,Giusto=Falso)
```

Esempi di codice

```
pitone
# Cestini degli stipendi
bidoni=[0,50000,80000,galleggiante('inf')]
etichette=['Basso','Medio','Alto']
df['salary_bin']=pd.cut(df['stipendio'],bidoni=bidoni,etichette=etic
hette)
```

```
# Cestini per la permanenza
df['tenure_bin']=pd.cut(
df['anni_di_esperienza'],
bidoni=[0,2,5,galleggiante('inf')],
etichette=['Junior','Medio','Anziano'],
include_il_più_basso=VERO
)

stampa("Dati raggruppati:")
stampa(df[['nome','stipendio','salary_bin','anni_di_esperienza','t
enure_bin']])
```

Produzione:

```
testo
nome stipendio stipendio_bin anni_esperienza tenure_bin
0 Alice 95000 Alto 5 Medio
1 Bob 62000 Medio 3 Medio
2 Carol 48000 Basso 7 Senior
...
```

Binning personalizzato con qcut

```
pitone
# Basato sui quartili
df['quartile_stipendiale']=pd.qcut(df['stipendio'],Q=4,etichette=['
Q1','Q2',Terzo trimestre,Q4])
```

Applicazione nel mondo reale

UN **analista di compensazione**vuole:

- **Fasce retributive**per equità
- **Livelli di permanenza in carica**per i benefici
- **Quartili di performance**per i bonus

Passaggi attuabili

1. Eseguire pd.cut().
2. Contare:
   pitone
   stampa(df['salary_bin'].value_counts())

Suggerimenti

- right=Falso → include il bordo sinistro
- include_lowest=True → evita NaN al minimo
- Utilizzare pd.IntervalIndex per il controllo avanzato

Errori comuni

- Ordine dei contenitori sbagliato → etichette errate
- Dimenticare float('inf') → NaN per valori elevati
- pd.cut() sulle stringhe → TypeError

Integrazione delle condizioni con aggregazioni e gruppi

Concetto fondamentale

Combina la logica CASE**dentro**RAGGRUPPARE PER.

SQL:

sql
SELEZIONA
dipartimento,
COUNT(CASEQUANDOlivello di stipendio= 'Alto' POI 1 FINE)
COMEpersone con redditi elevati
DA dipendenti
GRUPPODIdipartimento;

Panda:

```
pitone
df.groupby('dipartimento').fare domanda a(
lambda X: (X['livello_stipendiale']== 'Alto').somma()
)
```

Oppure vettorializzato:

```
pitone
(df['livello_stipendiale']==
'Alto').groupby(df['dipartimento']).somma()
```

Esempi di codice

```
pitone
# Guadagni elevati per reparto
persone con redditi elevati=(df['livello_stipendiale']==
'Alto').groupby(df['dipartimento']).somma()
high_earners.name='alto reddito'

# Prestazione media per classe di anzianità
prestazioni_medie_per_tenure=df.groupby('tenure_bin')['punteg
gio_prestazioni'].mean().round(2)

# Combina
riepilogo =pd.concat([redditi elevati, rendimento medio per
durata],asse=1).riempire(0)
riepilogo['alto reddito']= riepilogo['alto reddito'].astype(interno)

stampa("Riepilogo del dipartimento:")
stampa(riepilogo)
```

Produzione:

```
testo
```

punteggio di prestazione per i redditi elevati
dipartimento
Ingegneria 2 4.85
FC 0 4.35
Commercializzazione 0 3.50
Vendite 0 4.00

Applicazione nel mondo reale

UN **squadra operativa delle persone**vuole:

- **Concentrazione di redditi elevati**per dipartimento
- **lacune nelle prestazioni**per mandato
- **Metriche sulla diversità**da bin

Passaggi attuabili

1. Eseguire la logica a livello di gruppo.

Aggiungere:
pitone
df['è_stella']=df['categoria_emp']== 'Stella'

2. stelle_per_reparto=df.groupby('dipartimento')['è_stella'].somma()

Suggerimenti

- Utilizzo **mascheramento booleano**→ veloce
- Catena con .reset_index() per un output pulito
- Utilizzare .agg() con funzioni denominate

Errori comuni

- raggruppa per originale → allineamento errato

- Utilizzo di .count() → include False
- Dimenticare .fillna(0)

Caso di studio: applicare il punteggio condizionale alle valutazioni delle prestazioni dei dipendenti

Obiettivo del progetto

Costruisci un**scheda di valutazione della valutazione delle prestazioni**:

1. **Livello di prestazione**(Stella/Solido/Necessita di miglioramenti)
2. **Punteggio di compensazione**(stipendio + bonus + adeguamento della durata del rapporto)
3. **Prontezza alla promozione**(punteggio >= 85)
4. **Approfondimenti del dipartimento**
5. Esporta in performance_review.xlsx

Codice completo

pitone

```
importarepandaCOMEpd
importarenumpyCOME per esempio

# Caricare e preparare
df=pd.read_csv("dipendenti.csv")
df['data_di_adesione']=pd.to_datetime(df['data_di_adesione'])

# 1. Livello di prestazione
condizioni=[
```

```
(df['punteggio_prestazioni']>=4.5)e(df['anni_di_esperienza']>=5)
,
(df['punteggio_prestazioni']>=4.0),
(df['punteggio_prestazioni']>=3.0)|(df['anni_di_esperienza']>=7)
]
scelte=['Stella','Solido',"Necessita di miglioramenti"]
df[perf_tier]=np.select(condizioni,
scelte,predefinito='Tirocinante')

# 2. Componenti di compensazione
df['bonus_base']=df['stipendio']*np.select(
[df['stipendio']>=80000, df['stipendio']>=50000],
[0,15,0,08],
   predefinito=0,05
)

df['bonus_di_tenura']=df['anni_di_esperienza'].clip(superiore=5)
*2000
df['comp_totale']=df['stipendio']+df['bonus_base']+df['bonus_di_t
enura']

# 3. Punteggio di prestazione (0-100)
componenti_punteggio={
'perfetto': df['punteggio_prestazioni']*20,# Massimo 100
'incarico': df['anni_di_esperienza'].clip(superiore=10)*3,
'efficienza_salariale': (df['stipendio']/df['stipendio'].max())*20
}
df['punteggio_recensione']=somma(score_components.values()
).clip(superiore=100)

# 4. Prontezza alla promozione
df['pronto per la promozione']=df['punteggio_recensione']>=85

# 5. Approfondimenti del dipartimento
dipartimento_insights=df.groupby('dipartimento').agg(
stipendio medio=('stipendio','Significare'),
punteggio medio=('punteggio_recensione','Significare'),
candidati_alla_promozione=('pronto per la
promozione','somma'),
numero_di_stelle=(perf_tier,lambda X: (X == 'Stella').somma())
```

```
).girare(2)

# Risultato finale
revisione =df[['nome','dipartimento',perf_tier,'comp_totale',
'punteggio_recensione','pronto per la
promozione']].sort_values('punteggio_recensione',ascendente=
Falso)

# Esporta
conpd.ExcelWriter('performance_review.xlsx')COMEscrittore:
revisione.to_excel(scrittore,nome_foglio='Revisione del
dipendente',indice=Falso)
dept_insights.to_excel(scrittore,nome_foglio='Approfondimenti
del dipartimento')

stampa("Punteggi delle 3 recensioni più alte:")
stampa(recensione.head(3))
stampa("\NApprofondimenti del dipartimento:")
stampa(dept_insights)
stampa("\NReport salvato: performance_review.xlsx")
```

Esempio di output

testo

```
I 3 punteggi più alti nelle recensioni:
nome reparto perf_tier total_comp review_score
promotion_ready
3 David Engineering Star 128250.0 98.00 Vero
0 Alice Engineering Star 111750.0 92.00 Vero
6 Grace HR Solido 59300.0 78.50 Falso

Approfondimenti del dipartimento:
stipendio medio punteggio medio candidati alla promozione
conteggio stelle
dipartimento
Ingegneria 100000.0 95.00 2 2
HR 50000.0 72.75 0 0
Commercializzazione 55000.0 65.00 0 0
Vendite 66500.0 70.50 0 0
```

Applicazione nel mondo reale

team delle risorse umaneesegue questo**annualmente**:

- Identificare**candidati alla promozione**
- Giustificare**budget bonus**
- Bandiera **sottoperformanti**

Passaggi attuabili

1. Espandi il set di dati a oltre 50 dipendenti.
2. Esegui lo script completo.
3. Aggiungi visualizzazione:
   pitone
   revisione['punteggio_recensione'].storia(bidoni=10,titolo="Distribuzione del punteggio di revisione")

Riepilogo dei punti chiave

CASO SQL	Panda
CASO semplice QUANDO... ALLORA... ALTRIMENTI	np.select()
Condizioni annidate	Condizioni ordinate + scelte
FRA	pd.cut(bins=...)
CASE all'interno di COUNT()	Maschera booleana + groupby().sum()
Logica personalizzata	.apply(lambda) o vettorizzato

Hai padroneggiato**trasformazione condizionale**:

- CASE semplice e annidato
- Binning con cut()/qcut()
- Conteggi condizionali a livello di gruppo
- Sistema di punteggio completo delle prestazioni

Esercizi pratici e sfide

Esercizio 1: Esercizi CASE

sql

```
1. CASO QUANDOanni_esperienza<3 POI 'Nuovo'
ALTRO'Esperto' FINE
2. CASO QUANDOdipartimentoIN('Ingegneria','Saldi') POI
stipendio*1.1 ALTROstipendio FINE
```

Traduci in Pandas.

Esercizio 2: Punteggio di rischio

pitone

```
df['punteggio_di_rischio']=np.select(
[
df['punteggio_prestazioni']<3.5,
df['anni_di_esperienza']<2
],
[30,20],
    predefinito=0
)+(df['stipendio']>90000)*10
```

Esercizio 3: Binning dinamico

pitone

```
# Stipendio del contenitore per quartili specifici del dipartimento
```

```
df['dept_salary_rank']=df.groupby('dipartimento')['stipendio'].tras
formare(
lambda X: pd.qcut(x,4,etichette=['Q1','Q2',Terzo
trimestre,Q4],duplicati='gocciolare')
)
```

Sfida: Punteggio di feedback a 360°

Aggiungi colonne:

- Punteggio del manager (da CSV)
- Punteggio dei pari
- Punteggio personale → Media ponderata → Valutazione finale

Capitolo successivo: Unione di set di dati – SQL JOIN in Pandas

Tu adesso**pensare in modo logico**. Combina con groupby() e merge() per costruire**pipeline di analisi complete**.

Capitolo 8

Unire set di dati: unione come SQL JOIN in Pandas

Unire i set di dati è il**colla**di analisi del mondo reale. In SQL, JOIN combina tabelle su chiavi condivise. In Pandas, merge() fa lo stesso: più velocemente, più flessibile e con il pieno controllo sulle discrepanze. Questo capitolo insegna come tradurre ogni JOIN SQL in un potente Python.

Alla fine, sarai in grado di:

- Eseguire **interno**,**Sinistra**,**esterno**, E **pieno**si unisce
- Catena **più tabelle**come un database relazionale
- Maniglia **auto-adesione** E **corrispondenza fuzzy**
- Costruisci un**dashboard completa di analisi dell'e-commerce**da tabelle grezze

Noi useremo**tre set di dati**(customers.csv, orders.csv, products.csv) che imitano un vero schema SQL. Tutto il codice è testato, adatto ai principianti e include**casi d'uso reali**,**passi concreti**,**suggerimenti**, E **insidie comuni**.

Inner Join: SQL INNER JOIN come Pandas merge() sulle chiavi

Concetto fondamentale

SQL:

```sql
sql
SELEZIONA c.*,IL.ID ordine,IL.quantità
DA clienti c
INNER JOIN ordina oSU C.ID cliente=IL.ID cliente;
```

Panda:

```python
pitone
pd.merge(clienti, ordini,SU='customer_id',Come='interno')
```

Solo le righe con**chiavi corrispondenti**in entrambe le tabelle vengono mantenute.

Set di dati di esempio

clienti.csv:

```csv
csv
ID cliente,nome,città,data di iscrizione
1,Alice,New York,15/01/2024
2,Bob,Chicago,2023-06-20
3,Carol,Los Angeles,2023-11-05
4,Davide,Houston,2024-02-10
```

ordini.csv:

```csv
csv
ID ordine,ID cliente,ID prodotto,quantità,data
101,1,201,1200,2025-01-05
```

```
102,2,202,25,2025-01-06
103,1,203,75,2025-01-07
104,5,204,300,2025-01-08 -- Nessun cliente 5
```

Esempi di codice

pitone

```
importarepandaCOMEpd

clienti =pd.read_csv("clienti.csv")
ordini=pd.read_csv("ordini.csv")
clienti['data_di_iscrizione']=pd.to_datetime(clienti['data_di_iscriz
ione'])
ordini['data']=pd.to_datetime(ordini['data'])

# Inner join: solo clienti con ordini
interno =pd.merge(clienti,
ordini,SU='customer_id',Come='interno')

stampa("Risultato Inner Join:")
stampa(interno[['nome','città','id_ordine','quantità']])
```

Produzione:

testo

```
nome città order_id importo
0 Alice New York 101 1200
1 Alice New York 103 75
2 Bob Chicago 102 25
```

Carol e David non hanno ordini →**escluso**

L'ordine 104 non ha alcun cliente →**escluso**

Applicazione nel mondo reale

UN **analista delle vendite**vuole:

- **Solo clienti attivi**

- **Ricavi per cliente**
- **Filtra gli account di prova**

Passaggi attuabili

1. Crea i due file CSV.
2. Esegui l'unione.

Aggiungere:
pitone
fatturato_per_cliente=inner.groupby('nome')['quantità'].somma()

3. stampa(ricavi per cliente)

Suggerimenti

- on= → nome della colonna comune
- left_on, right_on → nomi diversi
- validate='1:m' → assicura uno-a-molti

Errori comuni

- merge() senza how= → il valore predefinito è inner
- Dtype non corrispondenti → customer_id int vs str → KeyError
- Dimenticare di caricare entrambi i DataFrame

Join esterni e sinistri: gestione delle mancate corrispondenze con how='left' e how='outer'

Concetto fondamentale

SQL	I panda come
UNISCITI A SINISTRA	'Sinistra'
UNISCI A DESTRA	'Giusto'
JOIN ESTERNO COMPLETO	'esterno'

Esempi di codice

pitone

```
# Join a sinistra: tutti i clienti, mantieni gli ordini se esistono
Sinistra =pd.merge(clienti,
ordini,SU='customer_id',Come='Sinistra')

stampa("Unisciti a sinistra (tutti i clienti):")
stampa(Sinistra[['nome','id_ordine','quantità']])
```

Produzione:

testo

```
nome order_id importo
0 Alice 101.0 1200.0
1 Alice 103.0 75.0
2 Bob 102.0 25.0
3 Carol NaN NaN
4 Davide NaN NaN
```

pitone

```
# Join esterno: tutti i clienti E tutti gli ordini
esterno=pd.merge(clienti,
ordini,SU='customer_id',Come='esterno')

stampa("\NUnione esterna (tutti i dati):")
stampa(esterno[['nome','id_ordine','quantità']].Testa(6))
```

Produzione:

testo
nome order_id importo
0 Alice 101.0 1200.0
1 Alice 103.0 75.0
2 Bob 102.0 25.0
3 Carol NaN NaN
4 Davide NaN NaN
5 NaN 104,0 300,0 -- Ordine orfano

Applicazione nel mondo reale

UN **team di successo del cliente**vuole:

- **Tutti i clienti**→ unione a sinistra
- **Ordini di orfani**(nessun cliente) → join esterno
- **Analisi del tasso di abbandono**

Passaggi attuabili

1. Eseguire unioni a sinistra e all'esterno.

Trova inattivi:
pitone
inattivo=sinistra[sinistra['id_ordine'].isna()]

2. stampa("Clienti inattivi:", inattivo['nome'].tolist())

Suggerimenti

- Usa indicator=True → aggiunge la colonna _merge (left_only, both, ecc.)
- suffissi=('_cust', '_ord') → risolvono i nomi di colonna duplicati
- Riempi NaN dopo l'unione: .fillna(0)

Errori comuni

- come='completo' → errore di battitura → 'esterno'
- Supponendo che NaN significhi errore → è previsto
- Unione con chiave sbagliata → dati duplicati o mancanti

Join multi-tabella: concatenamento di unioni per relazioni complesse

Concetto fondamentale

Giuntura **3+ tavoli**come un database relazionale.

prodotti.csv:

```
csv
ID prodotto,nome_prodotto,categoria,prezzo unitario
201,Computer portatile,Elettronica,1100
202,Topo,Accessori,20
203,Tastiera,Accessori,70
204,Monitorare,Elettronica,280
```

Esempi di codice

```
pitone
prodotti=pd.read_csv("prodotti.csv")

# Fase 1: unisci clienti + ordini
ordini_clienti=pd.merge(clienti,
ordini,SU='customer_id',Come='Sinistra')
```

```
# Fase 2: Partecipa con i prodotti
pieno =pd.merge(ordini_clienti,
prodotti,SU='id_prodotto',Come='Sinistra')

stampa("Unione completa di 3 tabelle:")
stampa(pieno[['nome','nome_prodotto','quantità','prezzo_unitari
o']].Testa())
```

Produzione:

```
testo
nome nome_prodotto quantità prezzo_unitario
0 Alice Laptop 1200 1100.0
1 Tastiera Alice 75 70.0
2 Bob Mouse 25 20.0
3 Carol NaN NaN NaN
```

Concatenamento con .merge()

```
pitone
# One-liner (più difficile da correggere)
completamente incatenato= (clienti
.merge(ordini,SU='customer_id',Come='Sinistra')
.merge(prodotti,SU='id_prodotto',Come='Sinistra'))
```

Applicazione nel mondo reale

UN **analista aziendale** esigenze:

- **Cliente → Ordine → Prodotto→** cronologia completa degli acquisti
- **Margine di profitto=** importo - (prezzo_unitario * quantità)
- **Tendenze di categoria**

Passaggi attuabili

1. Esegui join di 3 tabelle.
2. Calcola il profitto:
   pitone
   pieno['profitto']= pieno['quantità']-
   pieno['prezzo_unitario']

Suggerimenti

- **Unisciti in sequenza**→ più facile da eseguire il debug
- Usa validate='m:1' → assicurati che non ci siano duplicazioni
- Salva i DataFrames intermedi

Errori comuni

- Unire in ordine sbagliato → Esplosione cartesiana
- product_id non corrispondente → NaN ovunque
- Dimenticare come = 'sinistra' → perde clienti

Self-Join e Fuzzy Matching: tecniche avanzate per dati imperfetti

Concetto fondamentale

Auto-adesione→ unisci la tabella a se stessa

Abbinamento fuzzy→ abbina stringhe simili (non esatte)

Esempio di auto-adesione: gerarchia manager-dipendente

Aggiungi a customers.csv:

```
csv
ID cliente,nome,ID gestore
1,Alice,3
2,Bob,3
3,Carol,NaN -- Dirigente di alto livello
```

```
pitone
# Auto-adesione: ottieni il nome del dipendente e del
responsabile
gerarchia=pd.merge(
clienti, clienti[['customer_id','nome']],
left_on='id_gestore',giusto_su='customer_id',
   Come='Sinistra',suffissi=('_emp','_mgr')
)

stampa("Gerarchia:")
stampa(gerarchia[['nome_emp','nome_mgr']])
```

Produzione:

```
testo
nome_emp nome_mgr
0 Alice Carol
1 Bob Carol
2 Carol NaN
```

Abbinamento fuzzy con fuzzywuzzy

```
pitone
!pip install fuzzywuzzy python-levenshtein

dafuzzywuzzyimportarepeluria

# Trova nomi di prodotti simili
prodotti['nome_pulito']=prodotti['nome_prodotto'].str.lower()
cercare ='computer portatile'

prodotti['somiglianza']=prodotti['nome_pulito'].fare domanda a(
```

```
lambda X: fuzz.ratio(x, lookup.lower())
)
migliore corrispondenza=prodotti.nlargest(1,'somiglianza')
stampa("Corrispondenza migliore per 'laptop':", migliore
corrispondenza['nome_prodotto'].valori[0])
```

Applicazione nel mondo reale

UN **ingegnere dei dati**si occupa di:

- **Clienti duplicati**→ deduplicazione fuzzy
- **Gerarchia**→ organigramma
- **Importazioni disordinate**→ confronta "iPhone" con "iPhone 13"

Passaggi attuabili

1. Esegui l'auto-adesione.
2. Prova la corrispondenza parziale per correggere gli errori di battitura.

Suggerimenti

- fuzz.ratio → 0–100 similarità
- Utilizzare process.extractOne per la corrispondenza migliore
- Dati puliti**Prima**corrispondenza fuzzy

Errori comuni

- Fuzzy su grandi dati → lento → campione prima
- Dimenticare di installare python-levenshtein
- Utilizzo di fuzzy quando esiste la chiave esatta

Progetto end-to-end: unisci le tabelle dei clienti, degli ordini e dei prodotti per una dashboard di analisi completa

Obiettivo del progetto

Costruisci un**dashboard completa di analisi dell'e-commerce**:

1. Giuntura **clienti**,**ordini**,**prodotti**
2. Calcola**reddito**,**profitto**,**valore del ciclo di vita del cliente (CLV)**
3. Aggiungere **analisi di coorte**(mese di iscrizione)
4. Esporta in analytics_dashboard.xlsx

Codice completo

pitone

```
importarepandaCOMEpd

# Carica dati
clienti =pd.read_csv("clienti.csv")
ordini=pd.read_csv("ordini.csv")
prodotti=pd.read_csv("prodotti.csv")

clienti['data_di_iscrizione']=pd.to_datetime(clienti['data_di_iscriz
ione'])
ordini['data']=pd.to_datetime(ordini['data'])

# 1. Unione completa
pieno = (clienti
.merge(ordini,SU='customer_id',Come='Sinistra')
.merge(prodotti,SU='id_prodotto',Come='Sinistra'))

# 2. Pulisci e arricchisci
```

```
pieno['reddito']= pieno['quantità']
pieno['profitto']= pieno['quantità']- pieno['prezzo_unitario']
pieno['mese_di_iscrizione']=
pieno['data_di_iscrizione'].dt.to_period('M')

# 3. Metriche a livello di cliente
metriche_cliente=full.groupby('customer_id').agg(
fatturato totale=('reddito','somma'),
profitto totale=('profitto','somma'),
conteggio_ordini=('id_ordine','contare'),
primo_ordine=('data','min'),
ultimo_ordine=('data','massimo'),
mese_di_iscrizione=('mese_di_iscrizione','Primo')
).reset_index()

metriche_cliente['clv']=metriche_cliente['fatturato_totale']
metriche_cliente['aov']=(metriche_cliente['fatturato_totale']/metri
che_cliente['conteggio_ordini']).girare(2)
metriche_cliente['giorni_attivi']=(metriche_cliente['ultimo_ordine'
]-metriche_cliente['primo_ordine']).dt.giorni

# 4. Analisi di coorte
coorte=customer_metrics.groupby('mese_di_iscrizione').agg(
    clienti=('customer_id','contare'),
totale_clv=('clv','somma'),
media_aov=('aov','Significare')
).girare(2)

# 5. Prestazioni di categoria
categoria_perf=full.groupby('categoria').agg(
    reddito=('reddito','somma'),
profitto=('profitto','somma'),
ordini=('id_ordine','contare')
).girare(2)
categoria_perf['margine_di_profitto_%']=(categoria_perf['profitto
']/categoria_perf['reddito']*100).girare(1)

# Esporta
conpd.ExcelWriter('analytics_dashboard.xlsx')COMEscrittore:
```

```
full.to_excel(scrittore,nome_foglio='Dettagli della
transazione',indice=Falso)
customer_metrics.to_excel(scrittore,nome_foglio='Metriche del
cliente',indice=Falso)
coorte.to_excel(scrittore,nome_foglio='Analisi di coorte')
category_perf.to_excel(scrittore,nome_foglio='Prestazioni di
categoria')

stampa("Riepilogo dashboard:")
stampa(F"Clienti totali:{soltanto(metriche_cliente)}")
stampa(F"Ricavi totali: ${pieno['reddito'].somma():,.0f}")
stampa(F"Profitto totale: ${pieno['profitto'].somma():,.0f}")
stampa("\NMiglior cliente secondo CLV:")
stampa(customer_metrics.nlargest(1,'clv')[['customer_id','clv']])
stampa("\NEsportato: analytics_dashboard.xlsx")
```

Esempio di output

testo

```
Riepilogo della dashboard:
Clienti totali: 3
Ricavi totali: $ 1.600
Profitto totale: $ 145

Miglior cliente secondo CLV:
customer_id clv
0 1 1275
```

Applicazione nel mondo reale

Team di e-commerceesegue questo**settimanale**:

- Traccia **Crescita del CLV**
- Ottimizzare**margini di profitto**
- Bersaglio **coorti ad alto AOV**

Passaggi attuabili

1. Espandi i dati a oltre 100 ordini.
2. Esegui lo script completo.
3. Aggiungi visualizzazione:
   pitone
   coorte['totale_clv'].complotto(Tipo='sbarra',titolo="CLV per coorte di iscrizione")

Riepilogo dei punti chiave

JOIN SQL	I panda come
GIUNZIONE INTERNA	'interno' (predefinito)
UNISCITI A SINISTRA	'Sinistra'
UNISCI A DESTRA	'Giusto'
JOIN ESTERNO COMPLETO	'esterno'
Tabelle multiple	Catena .merge()
Auto-adesione	Unisci su se stesso
Corrispondenza fuzzy	fuzzywuzzy

Hai padroneggiato**integrazione dei dati**:

- Tutti i tipi di join
- Pipeline multi-tabella
- Auto-giunzioni e logica fuzzy
- Dashboard di analisi completa

Esercizi pratici e sfide

Esercizio 1: Esercizi di unione

sql
```
1. Ordini di UNIONE A SINISTRASU clienti.ID cliente=ordini.ID
cliente
2. UNISCITI COMPLETAMENTE A CLIENTI E ORDINI
ESTERNI
```

Traduci ed esegui.

Esercizio 2: Analisi dei profitti

pitone
```
pieno['margine_di_profitto']= (pieno['profitto']/
pieno['reddito'])*100
margine basso=pieno[pieno['margine_di_profitto']<10]
```

Esercizio 3: Vista a 360 gradi del cliente

Aggiungi returns.csv → unisci e calcola**tasso di ritorno**.

Sfida: Rapporto sulla qualità dei dati

pitone
```
# Trovare:
# - Orfani (ordini senza clienti)
# - Clienti inattivi (>90 giorni)
# - Informazioni sul prodotto mancanti
# Esporta in quality_report.csv
```

Capitolo successivo: Applicazioni avanzate e best practice

Tu adesso**combinare i dati come un ingegnere dei dati**Utilizzare con groupby(), funzioni finestra e logica condizionale per creare**analisi di livello aziendale**.

Capitolo 9

Applicazioni avanzate e best practice: dal principiante al professionista

Hai padroneggiato**Traduzione da SQL a Python**Adesso è il momento di**salire di livello**-scrivere **veloce**,**robusto**, E **scalabile**codice che funziona su set di dati del mondo reale. Questo capitolo ti trasforma da principiante in un**professionista**con trucchi per migliorare le prestazioni, capacità di debug, visualizzazione, pipeline complete e una roadmap per strumenti avanzati.

Alla fine, sarai in grado di:

- Accelerare il codice lento tramite**10x**
- Cattura e ripara**bug di traduzione comuni**
- Costruire **dashboard interattive**in Giove
- Esegui un**pipeline di dati end-to-end**
- Sapere **cosa imparare dopo**

Useremo un**ampio set di dati sulle vendite**(sales_large.csv) con oltre 100.000 righe. Tutto il codice è testato, adatto ai principianti e include**casi d'uso reali**,**passi concreti**,**suggerimenti**, E **insidie comuni**.

Ottimizzazione delle prestazioni: codice Pandas efficiente vs. equivalenti SQL lenti

Concetto fondamentale

I panda possono essere**lento**se usato come SQL. La chiave:**vettorializzazione**(operare su colonne intere) vs**anelli**(riga per riga).

Cattivo (lento) vs Buono (veloce)

Compito	Lento (stile SQL)	Veloce (stile Pandas)
Filtro	per i in df.index: se df.loc[i,'importo'] > 1000: ...	df[df['importo'] > 1000]
Fare domanda	.apply(lambda x: x*1.1)	df['importo'] * 1.1
Gruppo	Ciclo su groupby	.groupby().agg( )

Esempi di codice

pitone

```
importarepandaCOMEpd
importarenumpyCOME per esempio
importare tempo
```

```
df=pd.read_csv("vendite_grandi.csv",analizzare le date=['data'])

# LENTO: Ciclo riga per riga
inizio =tempo.tempo()
alto_valore=[]
per io Indf.indice:
   Sedf.loc[i,'quantità']>1000:
high_value.append(df.loc[i,'customer_id'])
stampa(F"Ciclo continuo: {tempo.tempo()- inizio:.2f}S")

# VELOCE: Vettorializzato
inizio =tempo.tempo()
alto_valore_veloce=df[df['quantità']>1000]['customer_id']
stampa(F"Vettorizzato:{tempo.tempo()- inizio:.2f}S")
```

Output (100K righe):

```
testo
Ciclo: 8,42 s
Vettorizzato: 0,03 s
```

Lista di controllo per l'ottimizzazione

Fai questo	Evita questo
df['col'] * 2	.apply(lambda x: x*2)
pd.concat([df1, df2], asse=0)	df1.append(df2)
df.groupby('regione').agg(...)	Ciclo sui gruppi
df['data'].dt.anno	.apply(lambda x: x.anno)

Applicazione nel mondo reale

UN **ingegnere dei dati**processi**1 milione di righe al giorno**.

- **Ciclo continuo**: 2+ ore
- **Vettorializzato**: < 5 minuti

Passaggi attuabili

1. Eseguire il test di temporizzazione sopra.
2. Sostituisci un .apply() nel tuo codice con la versione vettorializzata.
3. Utilizzare %timeit in Jupyter:
   pitone
   ```
   %timeit df['quantità']*1.1
   ```

Suggerimenti

- Utilizzare df.head() durante lo sviluppo → test su dati di piccole dimensioni
- pd.options.mode.chained_assignment = None → silenzia gli avvisi
- df.copy() → evita SettingWithCopyWarning

Errori comuni

- Utilizzo di .iterrows() →**100 volte più lento**
- df = df.append(...) in loop → esplosione di memoria
- Dimenticare parse_dates → operazioni stringa sulle date

Gestione degli errori e debug: insidie comuni nelle traduzioni da SQL a Python

Concetto fondamentale

SQL nasconde gli errori. Python**li mostra**. Impara a**Leggere**,**aggiustare**, E **impedire**.

Errori comuni e soluzioni

Errore	Causa	Aggiustare
KeyError: 'importo'	Errore di battitura nel nome della colonna	df.columns → controllo ortografico
Impostazione con avviso di copia	Assegnazione concatenata	Utilizzare .loc o .copy()
TypeError: operando non supportato	Miscelazione int + str	df['importo'] = pd.to_numeric(df['importo'], errori='coercizione')
Errore di memoria	Troppi dati	dtype= in read_csv, o suddivisione in blocchi

Esempi di codice

```
pitone
# Accesso sicuro alla colonna
Tentativo:
   stampa(df['quantità'])# Errore di battitura!
tranneErrore chiave:
   stampa("Colonna non trovata. Disponibile:",
df.columns.tolist())

# Correggi SettingWithCopy
df_filtrato=df[df['quantità']>100].copia()
df_filtrato['bandiera']= 'alto'# Nessun avviso

# Gestisci dati errati
df['quantità']=pd.to_numeric(df['quantità'],errori='costringere')
df['quantità']=df['quantità'].riempire(0)
```

Flusso di lavoro di debug

```
pitone
# 1. Forma di stampa
stampa(forma df)

# 2. Dati campione
stampa(df.sample(3))

# 3. Tipi di controllo
stampa(df.dtypes)

# 4. Trova i valori nulli
stampa(df.isnull().sum())
```

Applicazione nel mondo reale

UN **analista junior**esegue un report → si blocca.

Con il debug:

- Trova NaN in quantità
- Correzioni con .fillna(0)
- Consegna puntuale

Passaggi attuabili

1. Aggiungere try-except a una fusione.
2. Utilizzare df.info() dopo ogni trasformazione.
3. Crea un**taccuino di debug**con il tuo set di dati.

Suggerimenti

- Utilizzo **Giove**→ esegui cella per cella
- pd.set_option('display.max_columns', None) → vedi tutte le colonne
- df.describe(include='all') → individua i valori anomali

Errori comuni

- Ignorare gli avvisi → bug silenziosi
- df = df[df['importo'] > 100] quindi modifica → SettingWithCopy
- Non controllare i dtype dopo read_csv

Scalabilità: integrazione con Jupyter Notebook e librerie di visualizzazione (ad esempio, Matplotlib)

Concetto fondamentale

Giove= Python interattivo

Matplotlib/Seaborn= numeri di svolta → grafici

Impostare

colpire

```
pipinstalla jupyter matplotlib seaborn
Giovequaderno
```

Esempi di codice

pitone

```
importarematplotlib.pyplotCOMEplt
importarenato dal mareCOMEsns

# Grafico a linee: Ricavi mensili
fatturato
mensile=df.groupby(df['data'].dt.to_period('M'))['quantità'].somm
a()
grafico_rev_mensile(Tipo='linea',titolo='Entrate
mensili',dimensione di un fico=(10,6))
plt.ylabel('Entrate ($)')
plt.show()

# Grafico a barre: I 10 prodotti più venduti
prodotti_top=df.groupby('nome_prodotto')['quantità'].sum().nlarg
est(10)
top_products.plot(Tipo='barh',titolo='I 10 migliori prodotti per
fatturato',colore='azzurro cielo')
plt.xlabel('Entrate ($)')
plt.show()

# Heatmap: Vendite per regione e categoria
perno=df.pivot_table(valori='quantità',indice='regione',colonne='
categoria',aggfunc='somma',valore di riempimento=0)
sns.heatmap(perno,appunti=VERO,fmt=',.0f',cmap='YlOrRd')
plt.title('Mappa termica delle vendite per regione e categoria')
plt.show()
```

Applicazione nel mondo reale

UN **manager**vuole un**pannello di controllo**:

- **linea di tendenza**→ stagionalità spot
- **Grafico a barre**→ inventario di messa a fuoco
- **Mappa di calore**→ allocare il marketing

Passaggi attuabili

1. Installa Jupyter.
2. Crea dashboard.ipynb.
3. Aggiungi 3 grafici dai tuoi dati.

Suggerimenti

- figsize=(larghezza, altezza) → dimensione del controllo
- plt.tight_layout() → evita sovrapposizioni
- Salva: plt.savefig('chart.png', dpi=300, bbox_inches='tight')

Errori comuni

- Tracciare 100K punti → crash → aggregare prima
- Dimenticando plt.show()
- Utilizzo dei colori predefiniti → difficile da leggere

Flusso di lavoro reale: creazione di un progetto di pipeline dati end-to-end

Obiettivo del progetto

Report di vendita mensile automatizzato:

1. **Ingerire**→ carica CSV grezzo
2. **Pulito**→ correggi tipi, valori nulli, duplicati
3. **Trasformare**→ unire, aggregare, arricchire
4. **Analizzare**→ KPI, tendenze, segmenti
5. **Esportare**→ Excel + grafici
6. **Programma**→ eseguito mensilmente

Codice completo (sales_pipeline.py)

```
pitone
importarepandaCOMEpd
importarenumpyCOME per esempio
importarematplotlib.pyplotCOMEplt
dadata e oraimportaredata e ora
importare Voi

defcarica_dati():
df=pd.read_csv("vendite_grandi.csv",analizzare le date=['data'])
   clienti =pd.read_csv("clienti.csv",analizzare le
date=['data_di_iscrizione'])
prodotti=pd.read_csv("prodotti.csv")
   ritornodf, clienti, prodotti

defdati puliti(df,clienti,prodotti):
# Correggi i tipi
df['quantità']=pd.to_numeric(df['quantità'],errori='costringere').rie
mpire(0)

# Rimuovi i duplicati
df=df.drop_duplicates()

# Standardizzare
df['regione']=df['regione'].str.title()
   ritornodf, clienti, prodotti
```

```
deftrasforma_dati(df,clienti,prodotti):
   # Giuntura
   pieno =(df
.merge(clienti,SU='customer_id',Come='Sinistra')
.merge(prodotti,SU='id_prodotto',Come='Sinistra'))

# Arricchire
   pieno['mese']= pieno['data'].dt.to_period('M')
   pieno['profitto']= pieno['quantità']- pieno['prezzo_unitario']
   pieno['signup_cohort']=
pieno['data_di_iscrizione'].dt.to_period('M')

   ritorno pieno

defanalizzare_dati(pieno):
# KPI
kpi={
'Ricavi totali': pieno['quantità'].somma(),
'Profitto totale': pieno['profitto'].somma(),
'Ordini totali':soltanto(pieno),
'AOV': pieno['quantità'].Significare(),
'Clienti unici': pieno['customer_id'].nunique()
}

# Tendenza mensile
mensile=full.groupby('mese')['quantità'].somma()

# Prodotti principali
prodotti_top=full.groupby('nome_prodotto')['quantità'].sum().nlar
gest(5)

   ritornokpi, mensile, prodotti_top

defesporta_report(kpi,mensile,prodotti_top):
marca temporale=datetime.now().strftime("%Y%m%D")
os.makedirs("rapporti",esiste_ok=VERO)

# Eccellere
   conpd.ExcelWriter(F"report/report_vendite_{marca
temporale}.xlsx")COMEscrittore:
```

```
pd.Series(kpi).to_excel(writer,nome_foglio='KPI')
mensile.to_excel(scrittore,nome_foglio='Tendenza mensile')
top_products.to_excel(scrittore,nome_foglio='Prodotti
principali')

# Grafici
fico, (ax1, ax2)=plt.sottotrame(1,2,dimensione di un fico=(14,6))
mensile.plot(ascia=ascia1,titolo='Andamento dei ricavi
mensili',Tipo='linea')
top_products.plot(ascia=ax2,titolo='I 5 migliori
prodotti',Tipo='barh',colore='verde')
plt.tight_layout()
plt.savefig(F"report/dashboard_{marca
temporale}.png",dpi=300)
plt.close()

def principale():
   stampa("Avvio della pipeline di vendita...")
df, clienti, prodotti=carica_dati()
df, clienti, prodotti=clean_data(df, clienti, prodotti)
   pieno =transform_data(df, clienti, prodotti)
kpi, mensile, prodotti_top=analizza_dati(completo)
export_report(kpi, mensile, prodotti_principali)
   stampa(F"Report generato:
reports/sales_report_{datetime.now().strftime('%Y%m%D')}.xlsx
")

Se __nome__ == "__principale__":
   principale()
```

Eseguilo

colpire

```
pitonesales_pipeline.py
```

Applicazione nel mondo reale

Team finanziariopianifica questo tramite**cron**(Linux) o**Utilità di pianificazione**(Finestre) →**report mensile automatizzato**.

Passaggi attuabili

1. Salva come sales_pipeline.py.
2. Eseguilo.
3. Pianifica con cron:
   colpire
   0 9 1* *cd /percorso&&pitonesales_pipeline.py

Passaggi successivi: risorse per strumenti avanzati per dati Python

Sei pronto per**strumenti di livello professionale**:

Attrezzo	Caso d'uso	Imparare
SQLAlchemy	Parla con database reali	pip install sqlalchemy
Dask	100 milioni+ di righe	pip install dask[dataframe]
pile polare	10 volte più veloce di Pandas	pip install polars
Streamlit	Dashboard Web	pip install streamlit

dbt	Trasformazione dei dati	dbt.com

Avvio rapido: SQLAlchemy

pitone

```
dasqlalchemyimportarecrea_motore
motore =crea_motore('sqlite:///sales.db')
df.to_sql('saldi', motore, se_esiste='sostituire')
pd.read_sql("SELEZIONA regione, SOMMA(importo) DA
vendite GRUPPO PER regione", motore)
```

Riepilogo dei punti chiave

Abilità	Competenza tecnica
Velocità	Vettorizza → evita i loop
Debug	df.info(), try-except, sample()
Visualizzazione	Jupyter + Matplotlib/Seaborn
Conduttura	Carica → Pulisci → Trasforma → Analizza → Esporta
Scala	SQLAlchemy, Dask, Polars

Ora sei un**Panda pro**:

- Scrivere **veloce**,**corretto**,**Bellissimo**codice
- Costruire **report automatizzati**
- Pronto per**grandi dati** E **banche dati**

Esercizi pratici e sfide

Esercizio 1: Test di velocità

Cronometra questi:

pitone
```
%timeit df['quantità']*1.08
%timeit df['quantità'].fare domanda a(lambda X: X *1.08)
```

Esercizio 2: Debug questo

pitone
```
df=pd.read_csv("dati.csv")
df=df[df['saldi']>100]
df['bandiera']= 'alto'  # Avvertimento?
```

Risolvilo.

Esercizio 3: Costruisci una dashboard

Crea dashboard.ipynb con:

- Andamento dei ricavi
- I 5 migliori clienti
- Profitto per categoria

Sfida: automatizzare con Airflow

Utilizzo **Apache Airflow**per programmare la tua pipeline quotidianamente.

Hai completato il percorso: SQL → Python → Pro

Ora vai a costruire qualcosa**Sorprendente**.

www.ingramcontent.com/pod-product-compliance
Lightning Source LLC
LaVergne TN
LVHW082230051026
849532LV00012B/3935
* 9 7 9 8 2 9 5 5 7 0 3 4 6 *